METHODOLOGIE

DE LA PREPARATION DES COURS

D'ALLEMAND

Premier et second cycles

Marie-Christine GILBERT
Agrégée de l'Université
Professeur animateur CRDP
et formateur MAFPEN

Claude HULLARD
Agrégé de l'Université
Inspecteur Pédagogique
Régional

OPHRYS

ISBN 2-7080-0688-6

OPHRYS 6, avenue Jean-Jaurès, 05003 GAP CEDEX
OPHRYS 10, rue de Nesle, 75006 PARIS

TABLE DES MATIERES

INTRODUCTION GENERALE

I - LES OBJECTIFS

L'objectif général de cet ouvrage est de doter les professeurs de langues d'outils bien adaptés à des documents catégorisés et aux objectifs visés, facilitant à la fois la tâche de l'enseignant et la tâche de l'élève.

A - Faciliter la tâche de l'enseignant

Les outils et les nombreuses applications proposées aideront les professeurs de langues à :

1 - Reconnaître le type d'un document que le professeur a à sa disposition pour en faire une étude adaptée.

ou/et

2 - Rechercher des documents permettant des activités adaptées aux objectifs que le professeur s'assigne.

3 - Choisir des documents en fonction de leur pouvoir de motivation.

4 - Repérer à l'avance les difficultés auxquelles vont se heurter les élèves ainsi que les éléments facilitateurs.

5 - Repérer les éléments situationnels ou comportementaux à faire mettre en problème.

6 - Dégager les moyens linguistiques impliqués par le contenu situationnel et implicite du document.

7 - Construire l'enseignement linguistique selon une hiérarchisation des faits de langue s'organisant en fonctions et notions.

8 - Elaborer des exercices en situation de communication.

9 - Prévoir les étapes de la conceptualisation.

10 - Construire des séquences d'apprentissage alliant les objectifs et la convergence des moyens à la diversité des supports et des activités.

11 - Intégrer l'évaluation dans le processus d'apprentissage.

B - Faciliter la tâche de l'élève

La méthode de travail proposée amènera le professeur à :

1 - Rendre un document accessible à tous les élèves en levant certains obstacles au préalable.

2 - Faciliter la participation au cours de tous les élèves en organisant les traces écrites de manière à permettre des bilans intermédiaires.

3 - Faciliter le travail des élèves à la maison par des consignes réalistes et réalisables grâce aux traces écrites.

4 - Mettre tous les élèves en mesure de tirer profit d'une séquence linguistique en assurant les prérequis.

5 - Rendre tous les élèves capables d'atteindre un objectif :
- en les impliquant dans l'apprentissage,
- en organisant des leçons de remédiation.

6 - Aider les élèves à construire leurs savoir-faire en faisant converger acquisitions en classe, approfondissement à la maison et évaluation.

7 - Motiver les élèves :
- par l'intérêt des activités proposées,
- par la réussite.

II - LES POSTULATS

- Premier postulat

La spécificité du type de préparation n'est pas liée uniquement au niveau des apprenants, mais plutôt au type de document étudié ou au type de leçon considéré, c'est-à-dire aux objectifs que le professeur s'assigne.

A - Le type de document étudié

On ne prépare pas un cours consacré à l'étude d'un document iconographique comme on prépare un cours consacré à l'étude d'un texte.
De même, un cours dont le support est un texte simple ne se prépare pas comme un cours ayant pour support un texte d'auteur.
Enfin, la technique de préparation sera différente selon que le texte étudié se prête à une approche audio-vocale ou à la lecture autonome.

B - Le type de leçon considéré

A chaque type de leçon correspond un type de préparation conçu en fonction des objectifs visés.

On ne procèdera pas de la même façon selon que l'objectif est de :

- exploiter, à partir d'un support adapté, les acquis linguistiques et les idées développés lors de l'étude du document de base,

- faire un corrigé de devoir,

- aider certains élèves à atteindre un objectif que leurs camarades ont déjà atteint.

- Deuxième postulat

La chronologie et le nombre des étapes d'une préparation ne correspondent pas à la chronologie et au nombre des actes pédagogiques.

La reconnaissance de ce postulat est de nature à modifier bien des habitudes et à faciliter considérablement l'enseignement et l'apprentissage.
Tout cet ouvrage veut en être l'illustration.

Trois exemples :

1 - Dans le déroulement du cours, on lève les entraves à la compréhension globale avant l'écoute ou la lecture d'un texte ; lors de la préparation, il faut d'abord dégager les faits situationnels majeurs et repérer les moyens linguistiques les exprimant pour pouvoir identifier les entraves et donc concevoir les aides.

2 - En cours, enrichissement linguistique et étude du document vont de pair ; lors de la préparation, il faut d'abord dégager le contenu et la problématique du document pour pouvoir construire ou poursuivre un objectif linguistique et prévoir également des exercices communicatifs.

3 - En cours, compréhension détaillée et compréhension profonde sont menées de front dans un seul acte pédagogique : le dialogue élucidatoire ou le commentaire ; lors de la préparation, il faudra plusieurs étapes pour étudier comment les niveaux de compréhension s'articulent.

- Troisième postulat

L'enseignement ne peut "vivre" que si le prévisionnel ne "tue" pas l'événementiel.

Des outils pédagogiques très élaborés, comme ceux que nous vous présentons ici, comportent des dangers certains qu'il est important de bien cerner.

1 - Le premier danger consisterait à vouloir "faire dire" aux élèves tout ce que le professeur a mis à jour au cours d'une étude très complète guidée par une grille de préparation : ce serait impossible, ennuyeux et néfaste, car ce n'est pas communiquer que de chercher à dire ce que le professeur voudrait qu'on dise ! Ce serait aller à l'encontre des principes sans cesse réaffirmés dans nos textes officiels :

"expression libre et personnelle", "expression spontanée", "véritable dialogue", "l'initiative de la parole", "garder aux échanges leur caractère de liberté et de naturel".

2- Le deuxième danger tient aux hypothèses de traces écrites que nous suggérons aux professeurs d'établir et d'organiser. Nous reviendrons plus tard sur les avantages de cette technique. Mais nous voulons affirmer clairement ici que le résultat serait pire que l'absence de traces écrites ou que l'improvisation si ces traces, au lieu d'être le reflet de ce que disent les élèves, devenaient un objectif en soi, les élèves étant condamnés à dire ce que le professeur a prévu d'écrire !

III - LES COROLLAIRES

A - Corollaires du premier postulat

1 - Toute préparation doit être précédée par une brève analyse linguistique et didactique des supports.

Pour choisir un type de préparation, il faut en effet être capable de catégoriser rapidement les différents types de documents :
a - en fonction de leur complexité linguistique et de leur complexité interne,
b - en fonction des actes pédagogiques auxquels ils peuvent donner lieu.

Nous avons retenu les types de documents suivants :
- textes simples se prêtant à une approche audio-vocale et à la compréhension auditive,
- textes d'auteurs se prêtant, soit à une approche audio-vocale, soit à une approche par l'écrit,
- textes se prêtant à la lecture autonome,
- documents iconographiques.

2 - Toute préparation doit être précédée par l'énoncé des objectifs visés.

Pour choisir un type de préparation, il faut être capable de catégoriser rapidement les différents types de leçons en fonction des objectifs qui leur sont assignés.

Nous avons retenu les types de leçons suivants :
- leçon de progression (étude du document de base),
- leçon d'exploitation (réinvestissement des moyens linguistiques acquis au début de l'unité),
- corrigé de devoir,
- leçon de remédiation.

3 - La distinction entre premier cycle et second cycle n'apparaît pas dans les outils méthodologiques (fiches et grilles de préparation), mais dans les illustrations proposées, au niveau des contenus.

En d'autres termes, le fait qu'on propose la même fiche et la même grille de préparation, par exemple pour un document iconographique, en 5ème et en terminale, ne signifie en rien que les cours vont être semblables !
Nous montrons, dans les illustrations proposées, que les étapes de la préparation sont les mêmes mais que les contenus sont différents, puisque la complexité linguistique doit correspondre au niveau des élèves et que la complexité interne doit correspondre à leur maturité.

Toutefois, deux restrictions s'imposent :

a - <u>Les grilles proposées à partir du chapitre II ne sont pas utilisables dans les premiers mois d'apprentissage</u> parce que les acquis ne le permettent pas.

b - Ces grilles ne sont pas suffisantes dans le cycle d'observation parce que, à ce niveau, l'enfant étant capable d'une très forte concentration mais seulement sur une très courte durée, il convient d'organiser des activités brèves et variées permettant aux enfants de réinvestir les acquis de l'E.P.L.V. : l'exploration approfondie d'un texte sera donc plus un aboutissement qu'une activité quotidienne d'apprentissage.
C'est pourquoi nous proposons une **grille pour l'étude des textes destinés aux élèves de première et deuxième année.**

B - Corollaire du deuxième postulat

Pour bien faire prendre conscience du fait qu'on ne prépare pas les phases du cours dans l'ordre de leur déroulement en classe, nous avons, dans chaque fiche de préparation consacrée à l'étude d'un type de document, mis en parallèle :
- l'inventaire chronologique des étapes de la préparation (page de gauche),
- les hypothèses d'organisation des traces écrites (page de droite).

Et pour faire apparaître qu'il faut souvent plusieurs étapes de préparation pour un seul acte pédagogique, nous avons numéroté les uns et les autres.

C - Corollaire du troisième postulat

Le corollaire du troisième postulat concerne la mise en oeuvre en cours.
Si l'on veut que la précision de la préparation ne nuise pas au naturel des échanges, il faut bien réaliser que le but d'une telle préparation est de rendre le professeur totalement disponible en classe, à l'écoute des élèves et capable d'assurer la cohérence de l'entretien dont l'initiative revient aux élèves. **Grâce** à sa préparation. Mais **sans** sa préparation.

De même, les traces écrites suggérées ne sont que des hypothèses sur l'activité langagière des élèves, les moyens linguistiques impliqués par les supports utilisés et leur organisation. Si nous suggérons de prévoir des hypothèses de traces écrites, c'est pour mieux préparer le professeur à les improviser en fonction du tour que prennent les échanges. Prévoir n'exclut pas de laisser toute sa place à l'imprévisible, mais permet d'éviter certains pièges, notamment le questionnement abusif.
cf. page 34 D

IV - LA COMPOSTION DE CET OUVRAGE

A - La composition de l'ensemble est dictée par le nombre de types de documents et de types de leçons que nous avons recensés.

B - La composition de chaque chapitre

Nous proposons pour chaque type de document et pour chaque type de leçon :

a - Des outils méthodologiques

- indications bibliographiques,

- remarques (définition, mise en oeuvre),

- **fiche de préparation** proposant un inventaire chronologique des étapes de la préparation et, pour l'étude de documents, des hypothèses de traces écrites.

b - Des préparations de cours du type considéré, pour chacun des deux cycles.

Les illustrations proposées ont été choisies selon :
les publics visés,
les contenus,
la nature des supports,
la nature des obstacles,
les variantes d'exploitation.

Nous espérons que cet ouvrage aidera les professeurs de langues à pratiquer une pédagogie de la communication vraie, motivante et variée, qu'il constituera un instrument de travail précieux pour tous : enseignants, formateurs, candidats aux concours internes et étudiants des IUFM puisqu'aussi bien notre ambition est de leur apporter une méthodologie qui fera gagner en motivation, en temps, en efficacité, en variété et en richesse.

PREMIERE PARTIE

PREPARATION DE L'ETUDE

DES

DIFFERENTS TYPES DE SUPPORTS

INTRODUCTION A LA PREMIERE PARTIE

Imaginez un instant que vous vouliez emmener un groupe d'enfants au quinzième étage d'une tour sans prendre l'ascenseur. Deux solutions s'offrent à vous : ou bien vous convenez avec eux que le regroupement aura lieu au quinzième étage et il y a fort à parier que certains rejoindront le groupe avec quinze minutes de retard ; ou bien vous dites aux enfants qu'ils devront se regrouper à chaque étage : les derniers n'auront alors que quelques secondes de retard et l'on attendra qu'ils les aient rattrapées pour reprendre l'ascension de l'étage supérieur.
La pédagogie que nous voudrions contribuer à faire mettre en oeuvre s'inspire du deuxième cas de figure. Ces regroupements par palier, les textes officiels les appellent des **bilans intermédiaires**, c'est-à-dire la reprise sous forme résumée et moins morcelée des idées émises pendant quelques minutes par le groupe classe. Ces bilans constituent une occasion supplémentaire de prise de parole pour des élèves en difficulté, un moyen de "faire circuler l'information" et donc de faire progresser la compréhension de l'ensemble du groupe.

I- L'organisation des traces écrites

Le professeur ne peut demander aux élèves timides, réservés ou faibles de résumer ce qui a été dit pendant deux ou trois minutes -sans risquer de les mettre en échec- que s'il a visualisé au tableau les informations ou idées essentielles recueillies lors de l'entretien.
Les élèves peuvent en effet s'appuyer alors sur les signes (flèches, disposition : la conséquence est placée plus bas que la cause) pour reconstituer les enchaînements situationnels et sur les jalons linguistiques pour les exprimer.
Comme le professeur organise ces traces au fur et à mesure que les élèves parlent, il est bon qu'il ait lui-même envisagé une organisation possible si bien que la cohérence apparaît progressivement pour le plus grand profit des élèves.
C'est pourquoi chaque fiche de préparation invite le professeur à établir des **hypothèses** d'organisation des traces écrites (sauf pour la leçon de préparation à la lecture autonome).

<u>Trois dérives sont à éviter</u> :

a- La pire consiste à vouloir amener les élèves au diagramme prévu au lieu d'organiser celui-ci au fur et à mesure que les élèves parlent.
Distribuer en fin d'heure un diagramme polycopié prouve à l'évidence que le professeur n'a pas évité cette dérive.

b- Vouloir tout visualiser au lieu de s'en tenir à l'essentiel empêche la classe de distinguer l'essentiel de l'accessoire et prive le professeur de la disponibilité dont il a besoin pour favoriser les échanges.

c- Vouloir tout verbaliser au lieu d'utiliser codes et flèches prive les élèves invités à faire les bilans intermédiaires, une synthèse -ou tout simplement, chez eux, à apprendre leur leçon- d'une activité langagière génératrice de recherche, donc de progrès.
Il y aura des jalons non verbalisés et des jalons linguistiques.

Par contre, si le professeur sait être à l'écoute des élèves, ces traces écrites devraient favoriser la participation de tous et leur faciliter le travail à la maison.

II- L'enrichissement linguistique

En imaginant l'organisation possible des traces écrites reflètant les réactions vraisemblables des élèves, le professeur est amené à poser des jalons linguistiques, c'est-à-dire des moyens d'expression dont l'élève a besoin pour exploiter le document étudié.
Nous avons opté pour une approche communicative, pensant que les regroupements des moyens d'expression en fonctions langagières (qui renvoient à l'intention du locuteur, lequel veut agir sur autrui ou réagir à un acte de parole d'autrui) et en notions (ce dont on parle) sont de nature à redonner son importance au sens et à faire régresser le grammaticalisme, le lexicalisme et le formalisme.

Le professeur aura intérêt à travailler avec l'ouvrage "Kontaktschwelle. Deutsch als Fremdsprache" paru chez Langenscheidt pour privilégier, au sein des actes de parole impliqués par le document étudié, les moyens linguistiques adaptés au niveau du groupe classe, voire aux niveaux des élèves et de les intégrer dans un projet linguistique cohérent, réaliste et productif.
On voit bien l'intérêt de cette démarche.
Dans un enseignement centré sur l'enseignant, le professeur se fixe une progression linguistique ou se la voit imposée par le manuel et plaque ses objectifs linguistiques sur des documents qui ne s'y prêtent pas forcément.
L'erreur la plus répandue consiste à choisir un fait de langue parce qu'il se trouve dans le texte étudié ; or cela ne signifie nullement qu'on en ait besoin pour parler du document.

La démarche que nous proposons est tout autre : le professeur part de l'intérêt qu'offre le document pour des jeunes de l'âge concerné, des éléments qu'ils devront dégager pour exprimer et faire comprendre l'essentiel et des éléments qu'ils devront mettre en problème pour en discuter ; et c'est à partir du contenu des hypothèses de traces écrites qu'il dégage les fonctions et les notions dont les élèves auront besoin et hiérarchise les moyens linguistiques adaptés à leur(s) niveau(x). C'est donc une démarche centrée sur l'élève.
Mais il est bien évident que les jalons linguistiques imaginés par le professeur lorsqu'il établit les hypothèses de traces écrites ne sont pas des points de passage obligés. Enseigner, c'est aussi savoir renoncer aux hypothèses envisagées pour adapter l'enrichissement linguistique à des besoins langagiers nés d'une approche que l'on n'avait pas prévue.

En résumé, le fait de ne pas partir des étapes du cours, mais du document, de l'intérêt qu'il présente pour des jeunes de l'âge concerné, des difficultés qu'il faut repérer pour rendre chaque acte pédagogique accessible à tous, et des besoins langagiers que son exploration fera naître dans le groupe classe conduit le professeur à centrer son enseignement sur l'élève et à construire l'enrichissement linguistique sous la pression du sens.

C'est ce que veulent favoriser et illustrer les fiches de préparation, les grilles de préparation correspondantes et les exemples que nous vous proposons.

Attention !
Nous utiliserons les abréviations de "Kontaktschwelle"

AB = allgemeine Begriffe (notions générales)
SB = spezifische Begriffe (notions spécifiques)
SA = Sprechakte (actes de parole)

III - Les formes de travail en classe

Dans une pédagogie de l'autonomie, les formes sociales de travail sont variées.

a - Le travail en binômes permet de développer la communication face à face (Ich-Du Form).

b - Le travail en groupes débloque des situations et stimule les élèves les plus réservés : il est donc important que le professeur concilie le désir des élèves de se regrouper par affinités avec le souci de composer les groupes selon le principe de complémentarité.
Le travail en groupes permet aussi de préparer des échanges plus animés : par exemple, l'exploitation plénière d'un document sera beaucoup plus riche et plus vive si elle consiste en une confrontation des points de vue des différents groupes. Car le souci de convaincre est un puissant levier de communication.

c - Le travail avec la classe entière est adapté aux activités quotidiennes telles que la présentation d'un document, le compte rendu d'audition,le dialogue d'élucidation, etc.

Mais le travail collectif implique que le professeur ait le souci constant de **"faire circuler l'information"**.

En d'autres termes, le professeur doit solliciter un élève situé à l'opposé de celui qui vient d'intervenir pour l'inviter à :

- **Faire corriger** un élément erroné d'une intervention -a posteriori, sans interrompre, en guidant la recherche de la forme juste, soit par un geste (exemples : syntaxe, localisation, temps des verbes, formes réfléchies, etc.), soit en appelant l'élément correct par l'intonation (exemples : régime prépositionnel erroné : "Stolz ?" pour obtenir la préposition "auf", "Stolz auf ?" pour obtenir l'accusatif).

- **Faire reformuler** :
la technique de reformulation a le double avantage de développer les stratégies de compensation et de faire progresser la compréhension du groupe : par exemple, l'élève qui n'aura pas compris : "Er hat keine Lust, ins Kino zu gehen" entendra et comprendra "Er will nicht ins Kino gehen".

- **Faire expliciter :**
le principe est le même : l'élève qui, à un point de la classe, n'aura pas entendu ou pas compris : "Er beneidet ihn um sein Motorrad" comprendra quand un camarade situé à l'opposé dira : "Er möchte auch so ein Motorrad haben".

- **Faire réagir** :
le souci de spatialisation des réactions dynamise également le groupe.

CHAPITRE I

COMMENT PREPARER L'ETUDE D'UN TEXTE PLUS PARTICULIEREMENT DESTINE A DES ELEVES DE 1re & 2me ANNEE

FICHE DE PREPARATION POUR L'ETUDE D'UN TEXTE PLUS PARTICULIEREMENT DESTINE A DES ELEVES DE 1re & 2me ANNEE

I - Analyser le texte

Pour chacun des énoncés du texte (dialogue), repérer :
1- la ou les structure(s) utilisée(s),
2- la fonction exprimée,
3- la reformulation possible,
4- le commentaire possible.

II - Parmi les structures et les actes de parole répertoriés, sélectionner :

1- ceux qui feront l'objet d'activités avant l'étude de la saynète,
2- ceux qui seront introduits ou réactivés pendant l'étude de la saynète,
3- ceux qui donneront lieu à des activités après l'étude de la saynète.

III - Enoncer les objectifs culturels

IV - Prévoir les activités préalables à l'écoute du texte

1- objectifs 2- supports 3- activités

V - Prévoir les activités de production de parole vérifiant la compréhension

VI - Prévoir les activités postérieures à l'étude de la saynète

VII - Libeller avec précision les consignes de travail qui seront données à la fin de chaque séance en vue de préparer l'évaluation qui aura lieu au début du cours suivant.

DIALOG

IM RHEINPARK

Die Kinder sind mit dem Rad unterwegs.

Moritz : Wollen wir nicht mal anhalten ?
Laura : *(leise zu Steffi)* Paß auf ! Jetzt kauft er sich ein Eis.
Moritz : Hätte jemand gern ein Eis ?
Philipp : Du denkst den ganzen Tag ans Essen.
Moritz : Vier Eis, bitte ! Schokolade und Vanille.
Verkäufer : Das macht vier Mark achtzig, junger Mann !
Moritz *zahlt mit einem Zehnmarkschein.*
So ! Und fünf Mark zwanzig zurück ! Danke !

Die Kinder stehen auf der Zoobrücke.

Moritz : He ! Das Schiff da ! Ist das nicht der Lastkahn von meinem Foto ?
Laura : Ja, richtig ! Komm, den wollen wir uns mal ansehen !

Grille de préparation pour l'étude d'un texte

Titre de l'extrait : *Im Rheinpark 3B*
Manuel : *Klipp und klar*

I- Analyse

Enoncés du texte	Structures	Fonctions
Wollen wir nicht mal anhalten ?	*anhalten wollen interrogative*	*einen Vorschlag machen*
Paß auf ! Jetzt kauft er sich ein Eis.	*adverbe verbe sujet impératif*	*aufmerksam machen*
Hätte jemand gern ein Eis ?	*interrogative*	*nach Wünschen fragen*
Du denkst den ganzen Tag ans Essen.	*énonciative*	*Vorwürfe machen*
Vier Eis bitte ! Schokolade und Vanille.	*bitte*	*bestellen*
Das macht vier Mark achtzig, junger Mann. So ! Und fünf Mark zwanzig zurück.		*AB = zählen* *SB = zahlen*
He ! Das Schiff da !	*exclamation*	*aufmerksam machen*
Ist das nicht der Lastkahn von meinem Foto ?	*interrogative*	*Informationen erfragen*
Ja, richtig !	*exclamation*	*zustimmen*
Komm, den wollen wir uns mal ansehen.	*c.o.d. en tête sich etwas ansehen*	*auffordern*

N.B. : Les mots soulignés sont ceux que le professeur introduira lors de l'entretien.

plus particulièrement destiné à des élèves de 1re & 2me année

Collection : *Zehnacker*
Niveau : *6ème, éditions Didier*

---

du texte

Reformulation	Commentaire
Ich möchte gern anhalten. *Und ihr ?*	*Moritz möchte etwas essen.*
Du, er kauft sich gleich ein Eis. *Gleich kauft er sich ein Eis.*	*Laura ist nicht dumm.*
Wer möchte ein Eis ?	*Moritz ist <u>nett</u>.*
10 Uhr : Du denkst ans Essen. *12 Uhr : Du denkst ans Essen.*	*Philipp ist nicht <u>sehr nett</u>,* *er sagt nicht, es ist eine gute Idee.*
Ich möchte vier Eis, bitte.	*Die Kinder antworten nicht,* *Moritz kauft 4 Eis.*
Vier Mark 80, bitte.	*Das macht viel Geld.*
Schau mal !	*Moritz zeigt den Lastkahn.*
Das ist der Lastkahn von meinem Foto.	*Moritz fotografiert gern.*
Jawohl ; natürlich ; klar	
Ich möchte den Lastkahn sehen.	*Das ist der Lastkahn vom Foto mit dem UFO, mit dem Dom, mit dem Lastkahn.*

II- Structures, fonctions et notions de l'analyse page 22 qui feront l'objet d'activités

1- avant l'étude de la saynète

notions : zählen, rechnen, zahlen
actes de parole : einen Wunsch äußern (hätte gern, möchte)
structures : énonciative sujet 3
interrogative
c.o.d. masculin

2- pendant l'étude de la saynète

acte de parole : einen Vorschlag machen
structure :Wollen wir nicht halten ?

3- après l'étude de la saynète

actes de parole : einen Vorschlag machen
annehmen ≠ ablehnen

III- Objectifs culturels

- *monnaie allemande Mark, Pfennig*
- *der Rhein (Köln)*
- *die Loreley*

IV- Activités préalables à l'étude de la saynète

1 -

Objectifs	Supports	Activités
compter	* *Tableau* *1, 10, 13, 14, 15, 16, 17, 18, 19* *2, 20, 21, 22, 23, 24, 25, 26, 27, 28, 29* *3, 30, 31, 32, 33, 34, 35, 36, 37, 38, 39, etc.*	* *Dire les nombres exactement comme le professeur les écrit (unité puis dizaine)*
	* *Cartes avec des cases numérotées*	* *Jeu Bingo* *Le professeur appelle des nombres*
calculer, payer	* *Minidialogue :* . *Ich möchte* *ein Pfund Tomaten, bitte !* *Das macht 1,20 DM !* . *Hier hab ich 2 DM* . *Danke schön ! So, und 80 Pfennig zurück* *Macht weiter !*	* *Jeu de la marchande*

IV- Activités préalables à l'écoute du texte

2-

Objectifs	Supports			Activités		
Interrogative *c.o.d.* *S'informer pour échanger des photos*	*Grille contenant des informations différentes selon les personnages*			*Wechselspiel mit Informationslücken*		
	Elèves A			*Elèves B*		
		Pierre	*Olivier*		*Pierre*	*Olivier*
Exemple :	*Museum*		-	*Museum*	+	
A : Hat Pierre den Dom ? *B : Nein, und Olivier ?*	*Dom*		+	*Dom*	-	
2me partie *On distribue les photos découpées*	*Rhein*	+		*Rhein*		-
dans les copies des pages 12 et 13 du manuel "Klipp und klar"	*Zoobrücke*		-	*Zoobrücke*	+	
A : Hast du den Dom ? *B : Ja, und du, hast du ... ?*	*Schiff*	-		*Schiff*		+
	Lastkahn	+		*Lastkahn*		-

"+" = *Ja* "-" = *Nein*

V- Activités de production orale vérifiant la compréhension

- Reconstitution de la trame événementielle à partir de la grille de compréhension ☐

- Reconstitution de la trame événementielle à partir des images de la leçon ☒

- Reconstitution de l'histoire à partir d'images mélangées ☐

Etape intermédiaire pour les élèves en difficulté
aides prévues :

- Reconstitution d'un dialogue à partir d'une trame ☐

Aide prévue pour les élèves en difficulté :

- Jeu de rôles ☐

Aide prévue pour les élèves en difficulté :

- Commentaire
(par ex. caractériser les personnages) ☐

Aide prévue pour les élèves en difficulté :
(par ex. liste d'adjectifs, etc.)

PREPARATION DETAILLEE

cf. colonnes 4 & 5 de l'analyse du texte

VI- Activités postérieures à l'étude du texte

1- Objectif :

etwas tun wollen

2- Support :

une liste de choses qu'on peut désirer faire

3- Activité :

Aux élèves du groupe A :

Tu proposes à tes camarades quelque chose que tu as très envie de faire

etwas essen

das Museum fotographieren

halten

den Lastkahn fotographieren

den Dom fotographieren

Aux élèves du groupe B :

Accepte ou refuse

Toll !

Klasse !

Super !

Ja, gern !

Ach nein !

Jetzt nicht !

VII- Consignes de travail en vue de préparer l'évaluation au début du cours suivant

1- A la fin de la première séance

- Etre capable d'encaisser et de rendre la monnaie
(apporter pièces 1-2-5 DM et 10-50 Pfennig)

- Etre capable de demander les photos qu'on n'a pas
cf. jeu VI 2

2- A la fin de la deuxième séance

Etre capable de raconter et de jouer la saynète 3 B

3- A la fin de la troisième séance

Etre capable de faire le jeu de rôles suivant :
Un élève (A) devine ce que va faire Moritz
Moritz, effectivement, veut faire cela et le propose

Beispiel : *A : Jetzt ißt er einen Keks.*
M : Wollen wir nicht einen Keks essen ?

etc.

CHAPITRE II

COMMENT PREPARER L'ETUDE D'UN TEXTE SE PRETANT A UNE APPROCHE AUDIO-VOCALE

REMARQUES

Nous entendons par "texte se prêtant à une approche audio-vocale" le texte tel qu'il est caractérisé dans les Compléments de 2de, page 21 : "Il doit se prêter à la compréhension globale, c'est-à-dire être de longueur raisonnable, comporter de préférence une trame narrative ou discursive qui permet de se repérer plus facilement ; il doit être à la portée de l'ensemble du groupe (on évitera, par exemple, toute surcharge lexicale)."
Nous avons également classé dans cette rubrique les saynètes et récits proposés dans le premier cycle car ils sont conçus selon les critères énoncés plus haut.

Ces conditions sont nécessaires et suffisantes pour entraîner à la compréhension globale.
Mais si le professeur veut utiliser le même texte pour entraîner également à l'expression orale, il est une autre condition sans laquelle le texte ne peut remplir son rôle d'incitation à la parole : il doit être riche en implicite.
En effet, l'élève n'aura envie de parler que si la situation du texte étudié incite à porter des appréciations ou des jugements sur les comportements et les sentiments des protagonistes. En d'autres termes, le factuel n'est pas un objet en soi, il n'est là que pour faire vivre les personnages dont les actions et les réactions vont créer chez l'élève un besoin d'expression et le désir de défendre son point de vue, d'argumenter et de convaincre.

Considérons les trois actes pédagogiques qui sont généralement mis en oeuvre pour permettre l'accès à un texte répondant à la typologie considérée :

aides préalables (Vorentlastung)	compte rendu d'audition (Inhaltsangabe)	dialogue d'élucidation (Unterrichtsgespräch)
entraves à la compréhension globale	compréhension globale **factuel** (faits situationnels majeurs, contenu général)	compréhension profonde **implicite** (sentiments, comportements, pensées)

Il convient de lire ce schéma de droite à gauche si l'on veut comprendre comment s'articulent les trois actes pédagogiques. Ce qui dans le cours est le point d'aboutissement (l'implicite) constitue le point de départ de la préparation.
Pour préparer son cours, le professeur se demandera donc successivement :
1 - Quel est l'implicite susceptible de provoquer un besoin d'expression, l'envie de discuter ?
2 - Quelles sont les données factuelles qu'il faut avoir comprises pour percevoir l'implicite ? (par exemple, on ne peut pas discuter des relations entre deux personnages si l'on n'a pas dit ou compris qui fait quoi)
3 - Quelles sont les entraves linguistiques et/ou situationnelles à la compréhension de ces données factuelles ? (on ne peut prendre le risque qu'un élève ne soit pas en mesure de participer aux entretiens parce qu'il aurait ignoré un élément indispensable à la compréhension globale)

L'intérêt de la démarche proposée est évident : en partant de ce qui fait appel à l'autonomie de pensée des élèves, cette technique de préparation rend au sens l'importance qui lui revient, attribue au factuel son rôle de support, évitant ainsi que, pendant le cours, il n'absorbe toute l'énergie de la classe, et met le professeur à l'abri du grammaticalisme et du lexicalisme.
D'autre part, la préparation ainsi conçue montre clairement que la participation des élèves à un acte pédagogique est étroitement liée à la participation réussie à l'acte pédagogique précédent.

Attention ! Dans la fiche et les grilles de préparation suivantes, le professeur listera les éléments demandés <u>en allemand</u>.	
question 2 :	avec <u>ses</u> moyens linguistiques
question 3 :	avec les éléments linguistiques du texte
question 6 B & C :	avec les moyens linguistiques correspondant au niveau des élèves concernés

INDICATIONS BIBLIOGRAPHIQUES

Les textes officiels sont réunis dans deux brochures en vente dans les CRDP et CDDP :
- n° 001 F 6120,
- n° 001 F 6142

Lire en particulier :

A - Le processus psycho-pédagogique du transfert
"L'élaboration d'automatismes de base" (F 6142 p 35)
"L'appropriation de la langue comporte trois phases"
1 F 6120 Cts 6ème pages 21-22
5ème page 34, 4.1
4ème page 47, 4.1
"Compréhension et expression doivent être directes"
1 F 6142 Cts 2de page 16
"Consolider les transferts déjà réalisés"
Cts 2de page 19

B - La compréhension auditive globale
"Distinguer l'essentiel de l'accessoire"
1 F 6120 Cts 6ème : 3 dernières lignes page 25
5ème : page 35, 3.1
4ème : page 48, aides
1 F 6142 Cts 2de : fin page 20, début page 21
1ère & terminale : pages 37-38-39

C - L'articulation entre la compréhension globale d'une part et les compréhensions détaillée et profonde d'autre part
1 F 6120 page 49
F 6142 pages 39-40
Compréhension, interprétation, commentaire

D - L'expression orale
- "expression libre et personnelle", "spontanée"
F 6120 page 26, 2.2
- "véritable dialogue"
F 6120 bas page 35
- "l'initiative de la parole"
F 6120 milieu page 49
Synthèse F 6142 pages 21-22
cf. haut page 22 conditions pour **"garder aux échanges leur caractère de liberté et de naturel"**

E - L'enseignement lexical
- dans le contexte
F 6120 page 28 (4)
- "selon des axes sémantiques"
F 6120 pages 50-51
- classement du lexique ; regroupements fonctionnels
F 6142 pages 24-25
- "axes sémantiques dominants" et "vocabulaire opératoire"
6142 pages 41-42

FICHE DE PREPARATION
POUR L'ETUDE D'UN TEXTE
(se prêtant à une approche audio-vocale)

Inventaire chronologique des étapes de la préparation

1- Dégager -en une formule- ce qui, dans l'extrait proposé, est susceptible d'intéresser et de motiver des jeunes de l'âge concerné.

2- Dégager, en allemand, l'implicite du texte.

3- Repérer et lister les données factuelles ou situationnelles qu'il faut avoir comprises pour pouvoir parler de l'implicite.

4- Identifier les entraves (linguistiques ou/et situationnelles) à la compréhension des données factuelles repérées en 3 et prévoir les aides correspondantes préalables à l'étude du document.

5- Relever, en les classant selon leur degré de productivité, les vocables ou expressions à greffer sur les interventions des élèves concernant tel ou tel détail.

6- Visualiser -sous forme de tableau, non redigé- des hypothèses d'organisation des notes à écrire au tableau et à relever dans les cahiers :
A- Avant l'écoute globale de l'extrait
B- Pendant le compte rendu collectif d'audition
C- Pendant l'entretien d'élucidation.

7- En déduire les fonctions et les notions à mettre en oeuvre :
a- pour rendre compte de l'audition du texte,
b- pour l'élucider.

8- Sélectionner les moyens linguistiques adéquats.

9- Elaborer quelques exercices à faire en classe ou (et) à la maison pour faire progresser le transfert de la structure choisie ou prévoir des réemplois des moyens linguistiques privilégiés au cours du compte rendu oral.

10- Formuler -avec précision- les hypothèses de tâches à faire à la maison en fonction du déroulement de chaque cours et en vue de préparer la phase initiale de synthèse du cours suivant.

Hypothèses d'organisation des traces écrites

1- (cf. 4 ci-contre)
Avant l'écoute globale :
Quelques aides préalables à la compréhension globale : soit traduction, soit synonyme, soit illustration par une phrase brève et simple, soit activité introductive.

2- (cf. 3 ci-contre)
Pendant le compte rendu collectif d'audition :
Tableau visualisant sous forme verbalisée (jalons linguistiques) et non verbalisée (jalons situationnels) les interactions entre les personnages.

3- (cf. 2 ci-contre)
Pendant l'entretien élucidatoire :
Tableau visualisant sous forme plus ou moins verbalisée les interactions, réactions, sentiments des personnages et les principales étapes de la discussion.

4- (cf. 5 ci-contre)
Vocables ou expressions à greffer sur les interventions des élèves concernant tel ou tel détail - classés selon leur degré de productivité.

5- (cf. 8 ci-contre)
Moyens linguistiques impliqués par la contrainte du sens.

6- (cf. 9 ci-contre)
Amorces d'exercices à compléter à la maison :
dialogue trame fonctionnelle
ou expression semi-guidée
ou exercice lacunaire
ou reconstitution d'un compte rendu à partir des traces écrites.

7- (cf. 10 ci-contre)
Consignes de travail à la maison :
- oral,
- écrit.

1

2

4a.

DAS PRIVATGESPRÄCH

3

1 (Im Ratskeller. Es ist schon fast drei. Jens und Bernd räumen die Tische ab.)

2 **Der Chef :**
Jens ! Telefon ! Sie hatten doch erst gestern ein Privatgespräch.
Jens :
Aber, Herr Direktor ! Ich kann doch den Leuten nicht verbieten, daß sie mich hier anrufen !

4

3 (Im Büro des Direktors.)
Jens :
Jens Seibert !... Einen Herrn Gligoric ? Nein, den kenne ich nicht... Können Sie den Herrn vielleicht beschreiben ?

4 **Jens :**
Aber Beate ! Du sollst mich doch hier nicht anrufen ! Wie oft muß ich... Ziemlich groß... Schwarze Haare... Ungefähr sechzehn... Trägt Jeans und Lederjacke... Ach ! Das ist doch Marko ! Er war vor ein paar Tagen hier. Ich hatte Angst, daß er nicht zu dir kommt... Ja, er braucht dringend einen Anzug.

5

5 **Jens :**
Warum ? Das kann ich Ihnen jetzt nicht erklären. Fragen Sie ihn doch selbst ! Es war mir eine Freude !
Auf Wiederhören !...
Danke schön, Herr Direktor !

Grille de préparation pour des cours consacrés à l'étude de TEXTES SE PRETANT A UNE APPROCHE AUDIO-VOCALE

Titre de l'extrait : *4a Das Privatgespräch*
Manuel : *Hallo, Freunde*

Auteur : *Méthode Zehnacker*
Niveau : *2. Teil, éditions Didier*

---

1 - Elément(s) du texte susceptible(s) de motiver des jeunes de l'âge concerné

gegen ein Verbot handeln

2 - Implicite du texte

Jens und sein Chef : frech - will seinen Chef glauben lassen, daß es kein Privatgespräch ist.
schlau - siezt Beate, wenn der Chef da ist, dutzt sie, wenn er allein ist.
Reaktion des Chefs : böse auf Jens wegen des Telefongesprächs. Vermutet, daß es doch ein Privatgespräch ist. Verläßt das Büro, kommt aber gleich zurück, um Jens auf frischer Tat zu ertappen.
Jens und Beate : böse, weil sie im Ratskeller anruft, obwohl es verboten ist. Ist aber froh, daß Marko zu Beate gegangen ist. Macht sich Sorgen um ihn. Möchte ihm helfen, die Stelle im Ratskeller zu bekommen.

3 - Données factuelles ou situationnelles qu'il faut avoir comprises pour parler de l'implicite

Jemand ruft Jens im Restaurant an, wo er arbeitet. Eine Dame. Sie will ihn privat sprechen. Aber der Chef will nicht, daß die Kellner Privatgespräche führen. Er verbietet es ihnen.
Das Telefon ist im Büro des Direktors : der kann also hören, was Jens sagt. Jens will aber nicht, daß der Direktor weiß, daß seine Freundin Beate hier anruft ; darum sagt er "Sie" zu Beate. Der Direktor geht weg und Jens kann ruhig "du" sagen. Beate erzählt von einem Herrn Gligoric, aber Jens kennt diesen Namen nicht. Beate beschreibt den jungen Mann und Jens versteht, daß Marko bei ihr im Geschäft war.
Der Direktor kommt aber zurück und Jens sagt wieder Sie zu Beate.

4 - Entraves (linguistiques ou/et situationnelles) à la compréhension des données factuelles repérées ci-dessus

situationnelles : *- dialogue tronqué (on n'entend pas Beate)*
- vouvoiement de circonstance en présence du chef
linguistiques : *- reconnaissance de la forme de politesse (il conviendra de faire un travail préalable cf. 9a)*
- das Privatgespräch ; Herr Gligoric

5 - Vocables ou expressions à greffer sur les interventions des élèves concernant tel ou tel détail

lexique passif	lexique actif	langage actif du groupe
	abräumen *beschreiben* *die Lederjacke*	*verbieten* *ungefähr* *dringend*

6 - Hypothèses d'organisation des notes à écrire au tableau

A - Avant l'écoute globale (aides préalables à la compréhension globale)

Travail préalable sur la reconnaissance de la forme de politesse (cf. leçon de remédiation sur la forme de politesse page165)
das Privatgespräch(e) = la conversation privée
Gligoric = Nachname von Marko

B - Pendant le compte rendu collectif d'audition

Telefongespräch

	WAS JENS TUT	WAS BEATE SAGT
Der Chef ist da	*sagt "Sie" zu Beate* *bittet Beate, diesen Herrn zu beschreiben* ←	*"Kennst du Herrn Gligoric ?"*
Der Chef ist nicht mehr da	*dutzt Beate* → *versteht, wer dieser Herr ist* ← *Marko ist bei Beate im Geschäft*	*"er ist ungefähr 16, etc."* *"Warum braucht er dringend einen Anzug ?"*
Der Chef ist wieder da	*kann nicht antworten* ←	

C - Pendant l'entretien élucidatoire
- Tableau

JENS	DER CHEF
frech *hat aber Angst* *spielt Theater* →	*streng* *böse (auf + acc)* *Geht weg. Warum ?* *Kommt zurück. Wozu ?*

JENS	BEATE
böse ← *froh* ← *Machte sich Sorgen um seinen Freund Marko. Will ihm helfen, die Stelle im Ratskeller zu haben,* *kann es aber nicht sagen.* ←	*ruft im Restaurant an* *Marko ist bei ihr im Geschäft* *will wissen, ...* *neugierig*

- Lexique passif, lexique actif, langage actif du groupe (pour mémoire cf. 5)

7 - Fonctions et notions dont les élèves auront besoin

a - pour rendre compte de l'audition du texte (cf. tableau 6B)

SA : Aufforderung   SB : duzen & siezen

b - pour élucider le texte (cf. tableau 6C)

SA : Vermutung ausdrücken
Glauben

8 - Moyens linguistiques adéquats

du und Sie, dir und Ihnen
bitten
vielleicht
vermuten, daß

9 - Idées d'exercices possibles

a - Exercices et activités destinés à faciliter la reconnaissance de la forme de politesse avant l'étude de la saynète
cf. page 165 : la forme de politesse

b - Rôle du narrateur qui rend compte d'un dialogue entre Jens et une dame.
Modèle : "Sprechen Sie bitte leise."
Er bittet die Dame, leise zu sprechen.
- Rufen Sie bitte nicht hier an ! Sagen Sie bitte, warum Sie telefonieren ! Beschreiben Sie bitte den Herrn ! Sagen Sie bitte, warum er bei Ihnen war ! Fragen Sie bitte den Herrn selbst !

c - Exercices d'expression semi-guidée : cherchez des explications
- Der Direktor geht weg, während Jens telefoniert ;
vielleicht ......
vielleicht ......
vielleicht ......
- Der Direktor kommt zurück ;
vielleicht ......
vielleicht ......
- Beate will wissen, warum Marko dringend einen Anzug braucht ;
vielleicht ......
vielleicht ......

10 - Libellé précis des hypothèses de tâches à faire à la maison

Après le compte rendu d'audition
Un groupe devra reconstituer le dialogue complet entre Jens et Beate (Jens passera à la forme de politesse lorsque le directeur joué par un élève sera présent) ; un autre groupe devra être capable de justifier le tutoiement ou le vouvoiement.
Après l'entretien élucidatoire
Refaire à la maison, d'abord oralement, puis par écrit, l'exercice c.

HANS BESUCHT TANTE AMELIE

"Wie alt bist du, Hans ?"
"Elf..."
"Ich frage dich, wie alt du bist !
Elf -was ? Monate ?"
"Och... Elf Jahre doch !"
"Siehst du, so mußt du antworten ! Da hast du gleich etwas von deiner alten Tante gelernt !"
Beiseite zur Mutter :
"Ich wundere mich doch sehr, Louise, daß dein Mann nicht auf so etwas sieht !"
Wieder zu mir :
"Sitz gerade, Hans !
- Wie bist du in der Schule ?"
"Och..."
"Was meinst du damit ?"
"Er kommt ganz gut mit", sagte meine Mutter.
"Ich danke dir, liebe Louise. Aber es ist mir lieber, wenn Hans selbst antwortet. Ein deutscher Junge antwortet ohne Furcht, klar und deutlich. Wieviel seid ihr in der Klasse, Hans ?"
"Zweiunddreißig."
"Und der wievielte bist du ?"
"Der dreiundzwanzigste."
"In der schlechteren Hälfte !" sagte die Tante.
- "Das nannte man zu meiner Zeit nicht gut mitkommen, Louise ! Was willst du werden, Hans ?"
"Och, ich weiß noch nicht..."
"Ein Junge von elf Jahren weiß, was er werden will ! Was willst du werden, Hans ?"
Da sagte ich aufs Geratewohl : "Schornsteinfeger !"
Die Tante hob die Augen zur Decke.
"Schornsteinfeger !" sagte sie.
"Ich bitte dich, Louise, wie kommt er auf so vulgäre Ideen ? Zu meiner Zeit wollten die Jungen Soldat werden, oder sie gingen auf die Universität ! Ich habe nie gehört, daß in unserer Familie jemand Schornsteinfeger werden wollte !"

Nach Hans Fallada
Bei uns damals zuhaus
Emma D. Hey, Braunschweig

Grille de préparation pour des cours consacrés à l'étude de TEXTES SE PRETANT A UNE APPROCHE AUDIO-VOCALE

Titre de l'extrait :*Hans besucht Tante Amelie* **Auteur :** *Hans Fallada*
Manuel : *Hallo, Freunde ! 3. Teil* **Niveau :** *3ème LV1, éditions Didier*

---

1 - Elément(s) du texte susceptible(s) de motiver des jeunes de l'âge concerné

Forderungen, die an junge Leute gestellt werden.

2 - Implicite du texte

Die alte Tante : Weiß alles besser. Streng, autoritär. Legt Wert auf : Haltung, Höflichkeit, Fleiß, Vaterlandsliebe.
Wie stellt sie sich die Erziehung eines Jungen vor ? Der Vater soll seinen Sohn strenger erziehen. Ein deutscher Junge kennt keine Furcht. Ein Junge in seinem Alter muß wissen, was er werden will. Zu ihrer Zeit wollten die Jungen Soldat werden (für ihr Vaterland kämpfen).
Hat kein Verständnis für einen Jungen von heute.
Der Junge : Hat auch kein Verständnis für seine alte Tante. Er hat die Fragerei satt und antwortet, ohne zu überlegen. Seine Antwort entsetzt die Tante.
Die Mutter : Versucht jeden Konflikt zu vermeiden. Sie rebelliert nicht.

3 - Données factuelles ou situationnelles qu'il faut avoir comprises pour pouvoir parler de l'implicite

Besuch eines Jungen bei seiner Tante : Die Tante stellt Fragen, will alles wissen (Schule, Berufswahl, etc.). Befiehlt.
Der Junge antwortet mit "Och", hat es satt, antwortet dumm : Schornsteinfeger. Die Tante hebt die Augen zur Decke.

4 - Entraves (linguistiques ou/et situationnelles) à la compréhension des données factuelles repérées ci-dessus

der Schornsteinfeger : le ramoneur
L'obstacle culturel (Preußentum) sera levé lors d'un entretien à partir de la partie gauche de l'image 1 de "Im Familienkreis" cf. page 93

5 - Vocables ou expressions à greffer sur les interventions des élèves concernant tel ou tel détail

lexique passif	lexique actif	langage actif du groupe
	aufs Geratewohl = au hasard	*auf etwas sehen = auf etwas aufpassen*

6 - **Hypothèses d'organisation des traces écrites**

A - Avant l'écoute globale (aides préalables à la compréhension globale)

der Schornsteinfeger = le ramoneur

B - Pendant le compte rendu collectif d'audition

Tante	*Mutter*	*Junge*
stellt Fragen *will alles wissen :* *Schule, Beruf*		*besucht die Tante*
	antwortet höflich	*antwortet mit "Och"*
befiehlt *fragt, was er werden will*		*hat es satt* *antwortet irgendwas :* *Schornsteinfeger*
hebt die Augen zur Decke		

C - Pendant l'entretien élucidatoire
- Tableau

die Tante	*die Mutter*	*der Junge*
legt Wert auf : *Haltung, Gehorsam,* *Fleiß, Vaterlandsliebe* *ist streng* *macht Vorwürfe* *ist neugierig*	*daran gewöhnt* ↓ *rebelliert nicht* ↓	*sitzt lässig* *spricht lässig* *hat keinen Sinn für diese Werte*
←	*versteht* ⟶	*hat keine Lust zu antworten*
hat kein Verständnis für *schockiert* *entsetzt*	⟵	*antwortet ohne zu überlegen*

- Lexique passif, lexique actif, langage actif du groupe
(pour mémoire cf. 5)

7 - Fonctions et notions dont les élèves auront besoin

a - pour rendre compte de l'audition du texte (cf. tableau 6B)

SA : Frage und Antwort

b - pour élucider le texte (cf. tableau 6C)

SA : Vorwürfe machen
Auffordern

8 - Moyens linguistiques adéquats

Interrogation indirecte à l'indicatif
Injonction (2ème pers. sing.)
Vorwerfen
Befehlen

9 - Idées d'exercices possibles

1 - Exercie structural
Situation ; Die Mutter muß alle Fragen der Tante wiederholen.
Modell : "Wie alt bist du ?"
Tante Amelie fragt dich, wie alt du bist.
- Wie arbeitest du in der Schule ? Wieviel Schüler gibt es in der Klasse ? Der wievielte bist du ? Was willst du werden ? Willst du Soldat werden ? Willst du Lehrer werden ? Willst du Arzt werden ?
2 - Dialogue tronqué (Inventer la réplique précédant la réponse du garçon)
Tante : ....
Junge : Ich habe keine Lust, gerade zu sitzen.
Continuer avec : mit ganzen Sätzen zu antworten ; aufzustehen ; klar zu sprechen ; die Hand vom Mund wegzunehmen.
3 - Le rôle du commentateur
"Du mußt gerade sitzen !"
Le commentateur dira : Die Tante befiehlt ihm, gerade zu sitzen.
- mêmes amorces qu'en 2.
4 - Même rôle
"Du mußt gerade sitzen !"
Le commentateur dira cette fois :
Die Tante wirft ihm vor, nicht gerade zu sitzen.
- mêmes amorces qu'en 2.

10 - Libellé précis des hypothèses de tâches à faire à la maison

A - Après le compte rendu d'audition

Etre capable de raconter le texte au présent, à partir du tableau 6B.
Refaire l'exercice 1 oralement d'abord, puis par écrit.

B - Après l'entretien d'élucidation

Etre capable de reconstituer les étapes de la discussion à partir du tableau 6C.
Faire l'exercice 2, oralement d'abord, puis par écrit.

DAS GLASKUGELSPIEL

Ein Junge war arm,
er hatte keinen Vater,
nur eine Mutter,
die nicht zufrieden mit ihm war.
Einmal
entdeckte er im Küchenschrank,
hinter einem breiten Topf,
eine Tasse mit Kleingeld.
Er nahm
drei Zehner,
vier Fünfer,
sechs Zweier,
vier Einer,
ging zum Supermarkt
und kaufte
einen Beutel mit zwölf Glaskugeln
im Sonderangebot für 66 Pfennig.
Am nächsten Morgen
ging der Junge früher als sonst
zur Schule und sofort zu den Jungen,
die jeden Morgen auf dem Schulhof
das Glaskugelspiel spielen.
"Du hast keine Kugeln !
Du darfst nicht mitspielen !"
schrien sie.
Er zeigte seinen Beutel.
Da durfte er.
Aber seine Hand zitterte,
sooft er die Kugel stieß,
nicht einmal gewann er,
alle zwölf verlor er an die andern.
Er weinte.
Er war noch ärmer als vorher.

Irmela WENDT
3. Jahrbuch für Kinderliteratur
Gelberg Verlag (1975)

Grille de préparation pour des cours consacrés à l'étude de TEXTES SE PRETANT A UNE APPROCHE AUDIO-VOCALE

Titre de l'extrait : *Das Glaskugelspiel* — **Auteur :** *Irmela Wendt*
Manuel : — **Niveau :** *2de LV1*

---

1 - Elément(s) du texte susceptible(s) de motiver des jeunes de l'âge concerné

Integrationsprobleme eines Kindes, das wegen seiner Armut ausgeschlossen wird.

2 - Implicite du texte

Egoismus und Grausamkeit der Kinder, die Glaskugeln besitzen. Sie bilden eine Gemeinschaft, die ihre Regeln aufstellt : nur wer selbst Glaskugeln besitzt, gehört dieser Gemeinschaft an und darf mitspielen (Wahrheitsgetreuer Spiegel der Gesellschaft ?).
Der Junge : von vornherein durch seine Armut benachteiligt. Traurigkeit, von dieser Gemeinschaft ausgeschlossen zu sein. Will unbedingt (Diebstahl) in diese Gemeinschaft aufgenommen werden. Verzweiflung nach dem Scheitern seines Integrationsversuchs. Hat seine einzige Chance verspielt. Hoffnungslosigkeit.

3 - Données factuelles ou situationnelles qu'il faut avoir comprises pour pouvoir parler de l'implicite

Ein Junge ist arm. Er hat keine Glaskugeln wie die anderen Jungen. Er findet Geld im Küchenschrank, kauft damit einen Beutel Glaskugeln. Er darf dann mit den anderen Kindern spielen. Er verliert aber alle seine Glaskugeln.

4 - Entraves (linguistiques ou/et situationnelles) à la compréhension des données factuelles repérées ci-dessus

die Glaskugel(-n) = la bille en verre
der Beutel(-) = le sac
der Zehner = la pièce de 10 Pfennig

5 - Vocables ou expressions à greffer sur les interventions des élèves concernant tel ou tel détail

lexique passif	lexique actif	langage actif du groupe
der Zehner	*die Glaskugel(n)*	
Fünfer	*der Beutel(-)*	
Zweier	*das Kleingeld*	
Einer	*das Sonderangebot*	
= Geldstücke		
(Pfennige)		

6 - Hypothèses d'organisation des notes à écrire au tableau

A - Avant l'écoute globale (aides préalables à la compréhension globale)

die Glaskugel(-n) = la bille (de verre)
der Beutel(-) = le sac

B - Pendant le compte rendu collectif d'audition

der Junge	*die anderen Jungen*
ärmer als *nicht so reich wie*	
ist arm *hat keine Glaskugeln*	*haben Glaskugeln* *spielen das Glaskugelspiel*
darf nicht mitspielen	
findet Geld im Schrank *kauft Glaskugeln*	
	spielen mit ihm
verliert alle seine Kugeln	

C - Pendant l'entretien élucidatoire

- Tableau

der Junge	*die anderen Jungen*
Mangel an Geld *Mangel an Liebe* *kann sich keine Glaskugeln leisten*	
	verbieten ihm mitzuspielen *grausam* *kein Mitleid mit ihm (D)*
fühlt sich ausgeschlossen	
stiehl Kleingeld *besitzt nun Glaskugeln*	
	erlauben ihm mitzuspielen
ist aufgeregt *hofft...* *setzt zuviel aufs Spiel ?*	*gewinnen ihm seine Kugeln ab,* *Symbole seiner Integration* *schließen ihn wieder aus*
ist verzweifelt *Integrationsversuch* *scheitert*	

- Lexique passif, lexique actif, langage actif du groupe (pour mémoire cf. 5)

7 - Fonctions et notions dont les élèves auront besoin

a - pour rendre compte de l'audition du texte (cf. tableau 6B)

SB : *Armut und Reichtum*
SA : *erlauben*
vergleichen

b - pour élucider le texte (cf. tableau 6C)

AB : *Besitz - Mangel*
Integration - Ausschluß
SA : *Hoffnung - Verzweiflung ausdrücken*

8 - Moyens linguistiques adéquats

verbes de modalité : dürfen, können
verbieten, erlauben
integriert werden, ausgeschlossen werden
hoffen, verzweifelt sein

9 - Idées d'exercices possibles

a - Exercice d'expression semi-guidée
(à l'aide du tableau 6B)

Der Junge hatte keine Glaskugeln, weil...
Und seine Kameraden wollten nicht, ...
Darum ...
Aber da die anderen am nächsten Morgen glaubten, daß er keine Glaskugeln hatte, ...
Erst als sie den Beutel Glaskugeln sahen, ...

b - Exercice lacunaire
(à l'aide du tableau 6C)

Der Junge fühlte sich ..., weil die anderen ihm .... Er war ... traurig, ... er 66 Pfennig im Küchenschrank ... . Dann ... ... mitspielen. Er ..., viele Glaskugeln zu gewinnen, ... sie aber alle. Die anderen Jungen hatten kein ... mit ihm und wir können denken, daß er noch ... war als ..., denn sein Versuch, ... zu werden, war ... .

10 - Libellé précis des hypothèses de tâches à faire à la maison

<u>Après la première heure</u>, relire attentivement le texte, le raconter à partir du tableau 6B et faire l'exercice 9a, d'abord à voix haute, puis par écrit.

<u>Après la deuxième heure</u>, reconstituer oralement les étapes du commentaire en s'aidant du tableau 6C. Faire l'exercice 9b de la même manière que l'exercice 9a.

CHAPITRE III

COMMENT PREPARER L'ETUDE D'UN TEXTE D'AUTEUR

REMARQUES

S'il est facile de concevoir ce qu'on entend par **"texte d'auteur"**, il est plus délicat de déterminer l'utilisation qui en est faite en classe.

Pour des raisons évidentes, explicitées dans le chapitre précédent, seuls se prêtent à une approche audio-vocale des textes dont la compréhension linguistique directe est possible sans le support graphique. C'est le cas d'un bon nombre de textes qui allient simplicité linguistique et complexité interne.

Il existe par contre des textes littéraires dont la complexité linguistique rend impossible l'approche audio-vocale. Il serait dommage d'en priver les élèves pour cette unique raison. Dans ce cas, on aura recours à l'approche écrite. La spécificité de la préparation de l'étude d'un texte d'auteur n'est pas liée, pour l'essentiel, à sa complexité linguistique, mais à sa **complexité interne.**

La fiche de préparation pour l'étude d'un texte d'auteur pourrait effrayer certains professeurs par le nombre des étapes prévues (seize).

Qu'ils se rassurent !

Si les auteurs d'une méthodologie sont contraints d'être exhaustifs, les utilisateurs, eux, peuvent et doivent se sentir très libres et **éviter tout formalisme.** Le but n'est pas d'enfermer l'enseignant dans un carcan, mais de l'aider à prendre conscience du fait que, pour **"laisser à la classe toute l'initiative dont elle est capable"**, il faut avoir soi-même étudié le texte soigneusement selon une technique particulière.

a - Les six premières étapes de la préparation

Si l'on compare la page de droite de la fiche de préparation, c'est-à-dire les hypothèses d'organisation des traces écrites qui, globalement, suivent le déroulement du cours, et la page de gauche, les étapes de la préparation, il ressort clairement que les six premières étapes de celle-ci ne correspondent pas à un acte pédagogique, qu'elles ne constituent pas un objectif en soi, mais sont indispensables au professeur, soit pour inviter les élèves à fonder une affirmation en texte, soit, en citant un des éléments repérés, pour susciter chez les élèves une réflexion.

Par exemple, nous invitons le professeur à repérer dans le texte les éléments dont la mise en relation permet de construire le sens, soit parce qu'ils se complètent (**séries signifiantes** exprimant différentes nuances d'un même sentiment ou d'une même idée), soit parce qu'ils s'opposent (**séries antinomiques**).

Cela ne signifie pas qu'il faille systématiquement demander aux élèves de repérer ces séries, mais ce repérage par le professeur présente deux avantages d'importance :

- il montre à l'évidence qu'une démarche linéaire et fragmentée n'est pas adaptée à notre objectif de communication puisqu'elle ne permet pas de faire mettre en relation des éléments dispersés dans le texte ;

- ce repérage préalable aidera le professeur, le moment venu, à faire justifier par le groupe-classe certaines affirmations de leurs camarades ("Woran seht ihr das ?" "Wie könnt ihr das begründen ?") -cela n'est possible sans perte de temps que si les lignes sont numérotées- ou à les faire relativiser en citant -sans commentaire aucun- un ou des éléments d'une série antinomique.

b - Les étapes 7-8-9 de la préparation

Le repérage des entraves linguistiques et contextuelles est indispensable pour préparer les aides préalables (Vorentlastung), acte pédagogique essentiel pour rendre le texte accessible à tous.
Les Compléments officiels de 1ère et terminale (brochure F 6142 pages 37 et suivantes) apportent à cet égard des précisions très importantes.

c - Les étapes 10 et 11 de la préparation

Une conception dynamique du commentaire de texte implique qu'on prenne en compte quelques idées simples :

- Le commentaire de texte ,n'est pas une fin en soi : le professeur qui fait le commentaire lui-même en amenant les élèves par un simulacre de dialogue à dire ce qu'il veut qu'ils disent passe à côté de l'objectif prioritaire : développer chez les élèves des échanges naturels.

- L'analyse structurée d'une idée, d'un personnage ou d'une action n'est pas génératrice de discussion. L'échange naît de la mise en problème. Par exemple, l'analyse successive de différents personnages n'incite pas les élèves à discuter ; en revanche, ce sont les interactions qui vont susciter des prises de position différentes et donc favoriser la communication.

- Enfin, le détail ne constitue jamais un objectif en soi. Il a, nous semble-t-il, deux rôles : ou bien il est cité par l'élève pour justifier ses affirmations ou celles d'un camarade, ou bien il est cité par le professeur pour déclencher une prise de parole et aborder une nouvelle étape de discussion qui nuance ou relativise la précédente.

FICHE DE PREPARATION
POUR L'ETUDE
D'UN TEXTE D'AUTEUR

Inventaire chronologique des étapes de la préparation

1 - Caractériser le texte du point de vue linguistique et du point de vue didactique.

2 - Indiquer le travail préparatoire à réaliser ou l'ensemble dans lequel il s'insère.

3 - Repérer les séries signifiantes (dans l'ordre d'apparition, mais en les couplant s'il y a lieu avec leurs contraires).

4 - Repérer les caractéristiques littéraires et dégager leur signification.

5 - Caractériser la ou les perspectives narratives et en déduire l'importance.

6 - Dégager -en une formule- le sens général du texte ou de l'extrait.

7 - (Eventuellement) Donner brièvement des indications sur le contexte externe dont l'ignorance réduirait les possibilités d'interprétation.

8 - Dégager la trame événementielle et le thème général du texte dont la restitution par les élèves permettra au professeur de s'assurer que le texte entendu ou lu a été compris globalement par l'ensemble du groupe.

9 - Déduire des données relevées ci-dessus les obstacles lexicaux à la compréhension globale. Peuvent-ils être inférés ? Comment ?

10 - Idées à faire mettre en problème et en relation par les élèves en les aidant à s'appuyer sur les éléments repérés par le professeur en 3, 4, 5, 6, 7 qu'il fera découvrir ou discuter pendant le commentaire et l'interprétation du texte.

11 - Relever les expressions et vocables nécessaires à la compréhension détaillée que le professeur élucidera sous la pression du sens pour répondre à un besoin langagier spontané ou suscité ; les classer selon leur degré de productivité en lexique passif, lexique actif spécifique et langage du groupe.

12 - Etablir des hypothèses d'organisation des données à écrire au tableau :
a - avant l'approche globale,
b - Pendant le compte rendu,
c - Pendant le commentaire et l'interprétation.

13 - En déduire les fonctions et les notions à mettre en oeuvre :
a - pour rendre compte du texte,
b - pour commenter et interpréter le texte écrit.

14 - Sélectionner les moyens linguistiques adéquats.

15 - Elaborer quelques exercices à faire en classe ou (et) à la maison pour faire progresser le transfert de la structure choisie.

16 - Formuler -avec précision et en termes d'actes observables- les hypothèses de tâches à la maison, en fonction du déroulement du cours et en vue de préparer la synthèse initiale du cours suivant.

Hypothèses d'organisation des traces écrites

1 - Avant l'approche globale :
- (cf. 7 ci-contre) éventuelles informations sur le contexte externe,
- (cf. 9 ci-contre) obstacles lexicaux à la <u>compréhension globale</u> (traduction, synonyme, équivalent, etc.).

2 - (cf. 8 ci-contre)
<u>Pendant le compte rendu d'audition ou de lecture</u> :
Tableau visualisant sous forme verbalisée (jalons linguistiques) et plus ou moins verbalisée (jalons factuels) les interactions entre les personnages et le contenu général du texte.

3 - (cf. 10 ci-contre)
<u>Pendant le commentaire et l'interprétation du texte</u> :
Tableau visualisant sous forme verbalisée (enrichissement du langage du groupe) et plus ou moins verbalisée (argumentation) les principales étapes du commentaire et de l'interprétation.

4 - (cf. 11 ci-contre)
Vocables ou expressions nécessaires à la compréhension détaillée du texte classés selon leur dégré de productivité en vocabulaire passif, vocabulaire actif spécifique et langage du groupe.

5 - (cf. 14 ci-contre)
Moyens linguistiques impliqués par la contrainte du sens.

6 - (cf. 15 ci-contre)
<u>Amorces d'exercices à compléter à la maison</u> :
(d'abord oralement, puis par écrit)
- amorces d'un exercice fait en classe,
- amorces d'un exercice d'expression semi-guidée.

7 - (cf. 16 ci-contre)
<u>Consignes de travail à la maison</u> :
- oral,
- écrit.

DER TÄNZER

Ich war vor ein paar Wochen in einer Kneipe in der Altstadt, stand an der Theke, trank ein Bier. In diese Kneipe kommen vor allem ausländische Arbeiter : Türken, Spanier, Italiener, Griechen. Sie reden miteinander oder schweigen, trinken, denken an zu Hause. Ich döste vor mich hin. Es war ein toller Lärm. Da kam ein alter Mann herein. Er hatte wirres weißes Haar, war klein, gedrungen, ging schon ein wenig nach vorn gebeugt. Er stellte sich neben mich, lehnte sich an die Theke - und da bemerkte ich, daß er weinte. Lautlos. Die Tränen rannen ihm einfach aus den Augen über die Backen. Ich wollte ihn ansprechen, traute mich jedoch nicht. Wahrscheinlich hatte er eine traurige Nachricht bekommen. Vielleicht war ein ihm lieber Mensch gestorben. Oder er hat seine Arbeitsstelle verloren. Niemand wagte es, ihn anzusprechen. Mit einem Mal geschah es. Die Musikbox spielte ein griechisches Lied. Zaghaft fing der alte Mann an, sich zu bewegen. Er stieß sich von der Theke ab, hob die Arme, noch immer weinend, machte einige Tanzschritte. Ein Kreis bildete sich um ihm. Nicht einer dachte daran, mitzutanzen. Sie sahen ihm schweigend zu. Immer heftiger tanzte er. Jetzt klatschten die Zuschauer in die Hände. Ich auch. Ich war völlig gebannt von diesem wunderbaren Tanz. Er drückte alles aus. Die große Trauer. Den heftigen, unstillbaren Schmerz. Ich sah nicht mehr den alten Mann, ich sah den Menschen, über den Unglück gekommen war und der die Macht hatte, es auszudrücken. Im Tanz. Er redete im Tanz mit sich und mit uns. Und alle verstanden ihn. Er tanzte lange, in Schweiß geratend, heftig atmend. Als er fertig war, trat ein jüngerer Mann auf ihn zu, legte ihm den Arm um die Schulter und konnte jetzt nett zu ihm sein, ihn trösten.

Peter Härtling

Grille de préparation pour des cours consacrés à l'étude d'un

TEXTE D'AUTEUR

Titre de l'extrait : *Der Tänzer*
Manuel :*Zum laut und leise Lesen Luchterhand Verlag*
Oeuvre :
Auteur :*Peter Härtling*
Niveau envisagé : *1ère LV1*

---

1 - Caractéristiques linguistiques et didactiques du document

Texte narratif court, sans surcharge lexicale, d'un accès relativement facile et riche en implicite : se prête donc à une approche audio-vocale.

2 - Travail préparatoire à réaliser ou (et) ensemble dans lequel s'insère l'étude de ce texte

Aucun travail préparatoire n'est nécessaire pour aborder l'étude de ce texte.
Il s'insérera dans une unité sur la communication.

3 - Les séries signifiantes

Ligne	Séries signifiantes	Ligne	Séries antinomiques	Ce qu'elles expriment
3	*reden-schweigen*	4	*ein toller Lärm*	*Lärm und Stille*
4	*ich döste...*	11	*die Musikbox spielte*	*Sprechen und*
7	*er weinte lautlos*	15-16	*Jetzt klatschten*	*Schweigen als*
15	*sie sahen ihm*		*die Zuschauer in*	*Elemente der*
	schweigend zu		*die Hände.*	*Kommunikation*
9	*ich wollte ihn an-*	9	*traute mich jedoch*	*Die üblichen*
	sprechen		*nicht*	*Mittel der Kom-*
10		10	*niemand wagte es,*	*munikation sind un-*
			ihn anzusprechen	*wirksam,*
				ungenügend.
6	*Er stellte sich neben*	21	*trat ein Mann auf*	*Der alte Mann,*
	mich		*ihn zu*	*zunächst allein mit*
14	*ein Kreis bildete sich*		*legte ihm den Arm um..*	*seinem Schmerz, kann*
	um ihn	22	*nett zu ihm*	*ihn jetzt mit anderen*
14	*nicht einer dachte*	22	*ihn trösten*	*teilen.*
	daran, mitzutanzen			*Und findet Trost.*
12	*sich bewegen*			*ein anderes Mittel, das*
17	*er drückte alles aus*			*. alle verstehen*
19	*die Macht, es auszu-*			*. die Seele*
	drücken			*ausdrückt*
18	*den Mann, den*			
	Menschen			
19-20	*er redete mit sich, mit*			
	uns			
20	*alle verstanden ihn*			
12	*sich bewegen*			
15	*tanzte*			
12-13	*er stieß sich...*			
15	*immer heftiger*			
	tanzte er			
20	*er tanzte lange*			*mühsam wie*
20-21	*in Schweiß geratend*			*eine Geburt*
21	*heftig atmend*			

4 -Caractéristiques stylistiques induisant un sens

Observations	Ce que cela exprime
sehr einfacher Stil (kurze Sätze, schlichter Wortschatz)	*Die Worte sind keine befriedigenden Ausdrucksmittel = magische Wirkung des Tanzes*
Die Sätze beginnen oft mit Pronomen (7 mal ich ; 7 mal er ; 2 mal sie)	*es geht in diesem Text um die Beziehungen zwischen den Menschen*
Alliterationen (wirres, weißes Haar. gedrungen, ging, gebeugt)	*betonen Traurigkeit, Alter, Müdigkeit*

5 - Perspective(s) narrative(s)

Perspective(s)	Ce que cela exprime
Rahmenerzählung Ich -Erzähler in einem fiktionalen Rahmen.	*personale Erzählsituation. Der Erzähler tritt auf mit dem Anspruch, einen Wirklichkeits-bericht zu geben. Subjektivisierung des Erzählens.*
episches Präteritum	*nicht reale Vergangenheit, sondern fiktionale Gegenwärtigkeit.*

6 - Sens général du texte ou de l'extrait (en une formule)

Die gewöhnlichen Ausdrucksmittel erweisen sich als unwirksam. Der Tanz schlägt Brücken zwischen den Menschen.

7 - (Eventuellement) Contexte externe dont l'ignorance réduirait les possibilités d'interprétation

Ein Text aus den sechziger Jahren ; Hochkonjunktur in der deutschen Wirtschaft.
Man braucht ausländische Arbeiter. Die meisten haben ihre Familie in der Heimat zurückgelassen.

8 - Trame événementielle et thème général (sous forme non rédigée) dont la restitution par les élèves permettra au professeur de s'assurer que le texte entendu ou lu a été compris globalement par l'ensemble du groupe

Erzähler in einer Kneipe. Viele ausländische Arbeiter.
Ein alter Mann kommt herein. Er weint. Keiner spricht ihn an.
Griechische Musik. Der alte Mann beginnt zu tanzen.
Dieser Tanz drückt alles aus.
Die anderen klatschen in die Hände. Am Ende des Tanzes geht ein junger Mann auf ihn zu. Tröstet ihn.

9 - Obstacles lexicaux à la compréhension globale

die Kneipe
in die Hände klatschen
etwas ausdrücken
jemanden trösten

10 - Idées à faire mettre en problème et en relation pendant le commentaire et l'interprétation du texte que les élèves auront sous les yeux

Einsamkeit und Zusammensein
Unmöglichkeit, mit Worten eine echte Kommunikation herzustellen
Der Tanz als magische Sprache

11 - Vocables ou expressions nécessaires à la compréhension détaillée que le professeur fera comprendre sous la pression du sens pour répondre à un besoin langagier spontané ou suscité
cf. tableau 12 C b

12 - Hypothèses d'organisation des données à écrire au tableau

A - Avant la présentation globale du texte

. (éventuellement) informations sur le contexte externe
par exemple datation, arrière-plan historique, civilisationnel, etc.

Sechziger Jahre.
Ausländische Arbeitskräfte wurden damals gebraucht.

. aides préalables à la compréhension globale :
synonyme ? définition ? traduction ?

die Kneipe(n) = le bistrot
in die Hände klatschen(te, t) = applaudieren
etwas ausdrücken(te, t) = exprimer quelque chose
jemanden trösten(te, t) = consoler quelqu'un

B - Pendant le compte rendu collectif

In einer Kneipe	
Erzähler und ausländische Arbeiter	*Ein alter Grieche*
	kommt herein ; *weint lautlos*
Keiner spricht ihn an ←	
Die Musikbox spielt griechische Musik	
	beginnt zu tanzen
klatschen in die Hände ←	
	Dieser Tanz drückt alles aus
Ein junger Mann geht auf ihn zu *und tröstet ihn* ←	

C - Pendant le commentaire et l'interprétation du texte (avec le support écrit)

a - tableau

Die Arbeiter in der Kneipe	*Der Mann*	*Der Tanz*
bilden eine Gemeinschaft *teilen dasselbe* *Heimwehgefühl*	*alt ; einsam*	
keiner antwortet ihm ←	*traurig ; auch Heimweh ?* *ruft um Hilfe*	
Wollen sie nicht ? *Oder können sie nicht ?* *Warum ?* *Sie wagen nicht...* *Sie finden keine Worte*	*muß unbedingt seinen* *Schmerz loswerden*	
	findet ein neues *Ausdrucksmittel, das* → *allen verständlich ist*	*magisch* *schlägt Brücken* *zwischen den Menschen* *(alt-jung)* *Universalsprache*
verstehen, was er sagt *ein junger Mann tröstet* *ihn ohne Worte*	←	
	wird jetzt Teil der *Gemeinschaft* *hat die Macht, alles* *ausdrücken zu können*	
	Ist er darum zu beneiden? *Hat der Schriftsteller nicht dieselbe Macht ?*	

b - Vocables ou (et) expressions nécessaires à la compréhension détaillée du texte

Lexique passif	**Lexique actif**	**Langage actif du groupe**
vor sich hindösen(te)	*nach vorn gebeugt*	*sich trauen(te), ...*
= rêvasser	*= penché en avant*	*= wagen*
wirr (ébouriffé)	*sich an die Theke lehnen*	*zaghaft : schüchtern*
gedrungen : trapu	*= s'accouder au comptoir*	*heftig : sehr stark*
rinnen(a, o) + sein	*die Trauer : Traurigkeit*	
(Flüssigkeit) : couler	*in Schweiß geraten (ie, a)*	
von etwas gebannt	*= se mettre à transpirer*	
= fasciné par	*der Schweiß : la sueur*	

13 - Fonctions et notions dont les élèves auront besoin

a - pour rendre compte du texte (cf. tableau 12B)

AB : Lärm und Stille
Sprechen und schweigen : ausdrücken, mitteilen, etc.
ansprechen
Kontakt suchen ; Kontakt finden
SA : Hoffnungslosigkeit und Trost

b - pour commenter le texte (cf. tableau 12C)

SA : Einsamkeit und Zusammensein
wünschen
Möglichgkeit und Unmöglichkeit
Oder : nicht wollen oder nicht können ?

14 - Moyens linguistiques impliqués par la contrainte du sens

- verbes exprimant la relation avec les autres
- möchte(n) + passif infinitif :
on souhaite être l'objet d'une action considérée en soi, indépendamment de celui qui l'accomplit

15 - Idées d'exercices possibles

- amorces à compléter suivant les modèles ci-dessous

a - Er möchte angesprochen werden, aber er wird nicht angesprochen.
(eingeladen, in die Gemeinschaft aufgenommen, verstanden, getröstet)
b - Er möchte angesprochen werden, aber keiner spricht ihn an.
(cf. verbes plus haut)
c - Er wird nicht angesprochen ; die Leute möchten ihn ansprechen, aber sie wagen nicht, ihn anzusprechen.
(mêmes verbes)

- Exercices de reformulation

- avec gelingen
Der Tanz kann das ausdrücken, was die Worte nicht ausdrücken können
- avec gehen
Es handelt sich in diesem Text um die Beziehungen zwischen den Menschen.

16 - Libellé précis des hypothèses de tâches à faire à la maison

- Rendre compte du texte à partir du tableau 10B à développer.
Refaire les exercices 15a & 15b.
Repérer les éléments qui expriment le silence et le bruit.

- deuxième heure
Reconstituer le commentaire à partir du tableau 10C.
Refaire l'exercice 15c et les deux exercices de reformulation.

ERLKÖNIG

Wer reitet so spät durch Nacht und Wind ?
Es ist der Vater mit seinem Kind ;
Er hat den Knaben wohl in dem Arm,
Er faßt ihn sicher, er hält ihn warm.

"Mein Sohn, was birgst du so bang dein Gesicht ?"
- "Siehest, Vater, du den Erlkönig nicht ?
Den Erlkönig mit Kron' und Schweif ?"
- "Mein Sohn, es ist ein Nebelstreif."

- "Du liebes Kind, komm', geh' mit mir !
Gar schöne Spiele spiel' ich mit dir ;
Manch' bunte Blumen sind an dem Strand,
Meine Mutter hat manch' gülden Gewand."

- "Mein Vater, mein Vater, und hörest du nicht,
Was Erlkönig mir leise verspricht ?"
- "Sei ruhig, bleibe ruhig, mein Kind ;
In dürren Blättern säuselt der Wind."

- "Willst, feiner Knabe, du mit mir geh'n ?
Meine Töchter sollen dich warten schön,
Meine Töchter führen den nächtlichen Reih'n
Und wiegen und tanzen und singen dich ein."

- "Mein Vater, mein Vater, und siehest du nicht dort
Erlkönigs Töchter am düstern Ort ?"
- "Mein Sohn, mein Sohn, ich seh' es genau ;
Es scheinen die alten Weiden so grau."

- "Ich liebe dich, mich reizt deine schöne Gestalt,
Und bist du nicht willig, so brauch' ich Gewalt."
- "Mein Vater, mein Vater, jetzt faßt er mich an !
Erlkönig hat mir ein Leids getan !"

Dem Vater grauset's, er reitet geschwind,
Er hält in Armen das ächzende Kind,
Erreicht den Hof mit Müh' und Not ;
In seinen Armen das Kind war tot.

Johann Wolfgang GOETHE

Grille de préparation pour des cours consacrés à l'étude d'un

TEXTE D'AUTEUR

Titre de l'extrait : *Erlkönig*
Manuel : *Gedichte Hamburger Ausgabe*
Oeuvre :
Auteur : *Goethe*
Niveau envisagé : *1ère LV1, Terminale LV1 ou 2*

---

1 - Caractéristiques linguistiques et didactiques du document

Poème qui se prête à une approche audio-vocale malgré sa longueur relative et le nombre important de vocables inconnus des élèves si l'on fait le travail préparatoire ci-dessous.

2 - Travail préparatoire à réaliser ou (et) ensemble dans lequel s'insère l'étude de ce texte

1- Commencer par projeter la reproduction en diapositive du tableau de Moritz von Schwindt : Erlkönig
afin de :

a - sensibiliser les élèves à cette légende,

b - présenter de façon naturelle (en décrivant le personnage principal du tableau) un certain nombre de vocables nécessaires à la compréhension du poème.

2 - On pourra alors procéder à l'étude du poème Erlkönig.

3 - Après l'avoir étudié, on fera entendre le Lied de Schubert : Erlkönig.
Intérêt de cet ensemble : montrer comment une légende nordique a inspiré à la fois la littérature, la peinture et la musique allemandes.

3 - Les séries signifiantes

Ligne	Séries signifiantes	Ligne	Séries antinomiques	Ce qu'elles expriment
1	*spät, Nacht, Wind*			*romantische Nachtwelt*
3	*er hat*			
4	*er faßt*			
4	*er hält ihn warm*			*der Vater : Sicherheit*
15	*sei ruhig, bleibe ruhig*			*Tageswelt*
6	*siehest du nicht ?*	*23*	*ich seh' es genau*	*das Kind hat einen Sinn für die magischen Kräfte der Welt. Ihm gegenüber steht der verstandes-kühle Vater.*
13	*hörst du nicht ?*			
21	*Und siehest du nicht dort ?*			
5	*was birgst du so bang dein Gesicht ?*	*29*	*Dem Vater grauset's, er reitet geschwind*	*Ist der Vater überzeugt ?*
9	*komm, geh mit mir !*	*26*	*Und bist du nicht willig ?*	*Die Natur ist lockend, bezaubernd und tötend ;*
14	*Was Erlenkönig mir leise verspricht ?*	*27*	*jetzt faßt er mich an*	
17	*Willst du mit mir gehn ?*	*28*	*ein Leids getan*	
25	*Ich liebe dich, mich reizt*	*30*	*das ächzende Kind*	*Das Ende der Ballade gibt dem Kind recht. Aber keine Verherrlichung der irrationalen Mächte.*
		32	*das Kind war tot*	*Tod des Kindes*

4 - Caractéristiques stylistiques induisant un sens

Observations	Ce que cela exprime
die Ballade	*dichterische Gattung, in der das Magische möglich ist.*
In allen Strophen außer 3 (der 3., der 5., der 7.) Beziehung Vater/Sohn	*zwei verschiedene Generationen zwei verschiedene Naturauffassungen*
7. Strophe : dramatischer Höhepunkt	*Beziehung Erlkönig/Sohn ersetzt Beziehung Vater/Sohn. Wird Erlkönig über den Vater siegen ?*
Wortschatz	*volkstümlich und gesucht zugleich*
Alliterationen, Assonanzen (birgst - bang)	*Betonung der Angst*
Lautmalerei (wer reitet so spät...)	*Eindruck eines Pferdegalopps*

5 - Perspective(s) narrative(s)

Perspective(s)	Ce que cela exprime

6 - Sens général du texte ou de l'extrait (en une formule)

Gegenüberstellung Vater/Sohn. Der Sohn ahnt die magischen Kräfte der Natur. Der Vater (historisch gesprochen : der Aufklärer) nicht.

7 - (Eventuellement) Contexte externe dont l'ignorance réduirait les possibilités d'interprétation

Den größten Teil seiner Volksballaden hat Goethe während der Sturm- und Drangzeit verfaßt. Diese Ballade entstand später (1782).
Es ist eine naturmagische Ballade, die ein für diese Zeit ganz neues Naturgefühl ausdrückt. Man findet in dieser Ballade die gleichen Gegensätze, die später die Romantik weiterentwickelte.

8 - Trame événementielle et thème général (sous forme non rédigée) dont la restitution par les élèves permettra au professeur de s'assurer que le texte entendu ou lu a été compris globalement par l'ensemble du groupe

Es ist Nacht. Der Vater reitet mit seinem Kind nach Hause.
Der Sohn hat Angst, weil er den Erlkönig sieht und hört. Der Vater, der den Erlkönig weder sieht noch hört, versucht den Sohn zu beruhigen.
Der Erlkönig verspricht dem Kind allerlei phantastische Freuden, wenn jenes zu ihm geht. Die Angst des Kindes wird immer größer, und er stirbt.

9 - Obstacles lexicaux à la compréhension globale

Erlkönig
reiten
versprechen

10 - Idées à faire mettre en problème et en relation pendant le commentaire et l'interprétation du texte que les élèves auront sous les yeux

Beziehung zwischen Natur und Mensch
Gegensatz zwischen Rationalität und Irrationalität
Gegensatz zwischen dem für die Magie der Natur empfindlichen Menschen und dem dafür unempfindlichen

11 - Vocables ou expressions nécessaires à la compréhension détaillée que le professeur fera comprendre sous la pression du sens pour répondre à un besoin langagier spontané ou suscité
cf. tableau 12 C b

12 - Hypothèses d'organisation des données à écrire au tableau

A - Avant la présentation globale du texte

. (éventuellement) informations sur le contexte externe
par exemple datation, arrière-plan historique, civilisationnel, etc.

Goethe (1749-1832) deutscher Dichter
Erlkönig -auch Elfenkönig = Ein Naturgeist

. Obstacles lexicaux

Der Erlkönig = le roi des aulnes
reiten(ritt, ist geritten) = se déplacer à cheval
etwas versprechen(a, o) = promettre

B - Pendant le compte rendu collectif
- Tableau

der Vater	das KInd	Erlkönig
sie reiten in der Nacht	sie reiten in der Nacht	
hält das Kind in dem Arm ↘		
	hat Angst	
sieht ihn nicht	sieht Erlkönig	verspricht dem Kind
hört ihn nicht ←→	hört Erlkönig	phantastische Dinge
	wird immer ängstlicher	
gerät in Panik ←		
reitet schnell		
	stirbt ←	

C - Pendant le commentaire et l'interprétation du texte (avec le support écrit)

a - tableau

der Vater	das Kind	Erlkönig
ist sicher	unsicher	
schützt das Kind	ängstlich	lockt das Kind an
Welt der Rationalität Welt der Vernunft	Welt der Irrationalität Welt der Phantasie	schmeichelt ihm (D)
nicht überzeugt will beweisen, daß	glaubt oder bildet sich ein, daß...	will es verführen
	widersteht der Versuchung (D)	seine Versuche scheitern gebraucht die Gewalt
gerät aber doch in Panik zweifelt, ob	wird bestraft	tötet das Kind gefährlich
Wer hat recht ?	Wer hat recht ?	Existiert er wirklich ?

b - Vocables ou (et) expressions nécessaires à la compréhension détaillée du texte

Lexique passif	Lexique actif	Langage actif du groupe
bang : ängstlich *der Schweif : la traîne (d'un vêtement)* *der Nebenstreif : ruban de brume* *gülden : (alt) golden* *das Gewand : das Kleid* *warten (alt) : dienen(te) + datif* *dürr : trocken* *der Reihen : der Reigen = la ronde* *ein Leids tun (alt) = jeter un sort* *es graust ihm : er hat Angst* *geschwind : schnell* *ächzen (te) : geindre*	*der Knabe(n, n) : Junge* *bergen(i, a, o) : verstecken* *die Krone(n) : couronne* *der Strand : ici, rivage* *säuseln(te) : bruire* *düster : sombre* *die Weide(n) : saule* *reizen(te) : attirer* *der Hof("e) : ferme*	*die Gestalt : la silhouette* *die Gewalt : la force* *die Mühe :* *die Not :* *la peine*

13 - Fonctions et notions dont les élèves auront besoin

a - pour rendre compte du texte (cf. tableau 12B)

SA : wahrnehmen
sehen, hören

b - pour commenter le texte (cf. tableau 12C)

SA : Als offenbar, augenscheinlich
Als gewiß darstellen
SA : Zweifel ausdrücken

14 - Moyens linguistiques impliqués par la contrainte du sens

15 - Idées d'exercices possibles

- amorces à compléter suivant les modèles ci-dessous

a - Sieht der Junge wirklich den Erlkönig ?
Oder bildet er sich ein, daß er den Erkönig sieht ?
Hört der... ; Sieht er die Töchter des Erlkönigs ?

b - Sieht der Junge wirklich den Erlkönig ?
Oder ist es ihm, als ob er den Erlkönig sähe ?
Sieht er wirklich die Krone ? Hört er wirklich den Erlkönig ? Verspricht ihm der Elkönig wirklich schöne Spiele ? Droht ihm wirklich der Erlkönig ?

- Exercices de reformulation

Exprimer la même idée, mais sans recourir à une négation :
Er ist nicht sicher, daß der Erlkönig existiert.
Er zweifelt gar nicht daran, daß der Erlkönig ihm droht.
Seine Versuche gelingen nicht.

16 - Libellé précis des hypothèses de tâches à faire à la maison

- <u>première heure</u>
Etre capable de résumer globalement le poème.
Repérer (souligner ou réécrire) deux éléments qui indiquent :
a- ce que le père voit,
b- ce que l'enfant voit.
Citer deux promesses de Erlkönig.

- <u>deuxième heure</u>
Etre capable de reconstituer le commentaire du poème à l'aide du tableau C.
Apprendre par coeur la strophe qui vous plaît le plus.

EIN NEUES GESICHT

In einem großen Land lebte einmal ein Kaufmann. Er kaufte allerhand Dinge, große und kleine, und verkaufte sie wieder mit einem sehr guten Gewinn. Er kaufte Fabriken und Flüsse, Wälder und Stadtviertel, Bergwerke und Schiffe. Wenn Leute sonst nichts zu verkaufen hatten, kaufte er ihnen ihre Zeit ab, d.h. er ließ sie gegen Lohn für sich arbeiten und kaufte so ihre Muskeln oder ihr Gehirn. Er kaufte den Griff ihrer Arme für sein laufendes Band, den Tritt ihrer Füße für seine Essen, ihre Zeichnungen, ihre Schrift in seine Kontobücher. Er war ein sehr großer Kaufmann und wurde ein immer größerer Kaufmann. Er war weit und breit sehr geachtet und wurde immer geachteter. Aber auf einmal bekam er eine arge Krankheit.

Eines Tages wollte er wieder einmal etwas kaufen, diesmal ein paar Zinngruben in Mexiko. Eigentlich wollte er sie nicht selber kaufen, sondern einige andere Leute sollten sie für ihn kaufen, damit er sie verkaufen konnte. Er wollte nämlich diese Leute betrügen. Er verabredete sich mit ihnen in einem Bankhaus.

Dort verhandelten sie mehrere Stunden miteinander, indem sie dicke Zigarren rauchten und dazu Zahlen aufschrieben.

Der große Kaufmann erzählte seinen Geschäftsfreunden, wieviel Geld sie bei diesem Geschäft verdienen konnten, und da er ein so geachteter Kaufmann war und nett und freundlich aussah, wie eben ein älterer, rosiger Kaufmann mit weißem Haar und blanken Augen, glaubten sie ihm auch, wenigstens anfangs. Aber dann passierte etwas sehr Merkwürdiges.

Er merkte plötzlich, daß die Herren ihn ganz eigentümlich ansahen, und dann rückten sie sogar ein wenig von ihm weg, während er sprach. Er sah an sich hinunter, ob an seinem Anzug etwas nicht in Ordnung war, aber sein Anzug war ganz in Ordnung. Er wußte gar nicht, was los war. Die Herren standen mit einem Mal auf, und jetzt sahen ihre Gesichter ordentlich erschrocken aus, und sie sahen deutlich ihn an, und zwar wie etwas Schreckliches, vor dem man Angst hat. Und doch sprach er nicht anders als sonst, nett und freundlich, wie ein großer, geachteter Kaufmann.

Warum also hörte ihm niemand mehr zu, und warum gingen sie denn ohne jede Entschuldigung einfach hinaus und ließen ihn sitzen ? Denn das taten sie.

Er stand ebenfalls auf, nahm seinen Hut und ging hinunter, um in sein Auto zu steigen.

Da sah er noch, wie der Chauffeur furchtbar erschrak, als er ihn sah.

Zu Hause eilte er sogleich zu einem Spiegel. Da sah er etwas Schreckliches :

Aus dem Spiegel entgegen blickte ihm das Gesicht eines *Tigers.*

Er hatte ein neues Gesicht bekommen ! Er sah aus wie ein Tiger !

Bertolt Brecht, gesammelte Werke,
Suhrkamp Verlag, Frankfurt/Main, 1967

Grille de préparation pour des cours consacrés à l'étude d'un

TEXTE D'AUTEUR

Titre de l'extrait : *Ein neues Gesicht*
Manuel : *Brücken 1ère*
Oeuvre : *Gesammelte Werke*
Auteur : *Bertolt Brecht*
Niveau envisagé : *Terminale LV1*

---

1 - Caractéristiques linguistiques et didactiques du document

Ce texte long, et abstrait bien qu'il soit présenté sous la forme d'un conte, se prête mal à une approche audio-vocale. Il conviendrait de distribuer d'emblée le texte aux élèves. Lors de la première lecture, le professeur peut les aider, si nécessaire, en lisant lui-même le texte à haute voix. Mais ensuite, il est indispensable que les élèves disposent de temps pour prendre connaissance silencieusement du document.

2 - Travail préparatoire à réaliser ou (et) ensemble dans lequel s'insère l'étude de ce texte

Ce texte, qui se prête merveilleusement au commentaire, est un texte difficile. Il est donc recommandé de le placer à la fin d'une unité qui serait consacrée à l'argent, à la puissance qu'il donne.

3 - Les séries signifiantes

Ligne	Séries signifiantes	Ligne	Séries antinomiques	Ce qu'elles expriment
1	*...einmal*			*ein Märchen ?*
20	*etwas Merkwürdiges*			
1	*in einem großen*			*in einem kapitalistischen Land*
	Land			*der Industrielle Kapitalist*
7	*ein großer*			*Warenmarkt (Marx)*
	Kaufmann			*Ziel : Gelderwerb*
1	*er kaufte allerhand...*			
2	*und verkaufte...*			
	mit Gewinn...			
2.3	*Fabriken...Schiffe*			*Er kaufte alle Produktionsmittel,*
3.4	*Leute... Er ließ sie*			*alle Arbeitsmittel. Der Arbeiter*
	gegen Lohn für			*wird von seinen Arbeitsmitteln*
	sich arbeiten			*getrennt, ist dann besitzlos.*
7	*...Kontobücher*			*Seine "Arbeitskraft" selbst wird*
				zur Ware. Trügerischer
				Warenaustausch.
				Kapitalismus-Proletariat
				(Marx, das Kapital)
				Ausbeutung des Menschen
				durch den Menschen.
7	*ein großer,..*	8	*geachtet...*	*"Akkumulation des*
	immer größerer		*immer geachteter*	*Kapitals" : immer größere*
				Achtung (bei Kapitalisten)
10	*wieder einmal...*	11	*die anderen sollten*	
	kaufen	12	*für ihn kaufen*	
12	*er wollte die Leute*	19	*sie glaubten ihm*	*durch Betrug ;*
	betrügen	17	*da er nett... aussah*	*trügerischer Schein*
			... Augen	
21	*eigentümlich*	26	*und doch sprach*	*nicht seine Worte erschrecken,*
	ansahen		*er nett und*	*auch nicht was er tut, sondern*
21	*rückten weg*		*freundlich*	*wie er aussieht.*
25	*erschrocken*	26	*nicht anders als*	
26	*Angst hat*		*sonst*	
31	*furchtbar erschrak*	32	*etwas Schreckliches*	*Der Kaufmann entpuppt sich*
		34	*ein neues Gesicht*	*als Tiger.*
		34	*er sah aus wie*	*Der Tiger lebt von Beuten-*
			ein Tiger	*Der Kaufmann von Ausbeutung.*
				Der Kaufmann genoß Achtung-
				der Tiger aber erschreckt.

4 -Caractéristiques stylistiques induisant un sens

Observations	Ce que cela exprime
nüchterner Stil, sachliche Wörter	*wie in einem Märchen ?*
viele Absätze (10)	*klare Entwicklung des Vorgangs*
viele Sätze, sogar Absätze beginnen mit : er, der Kaufmann	*nur eine Person in diesem Text*
Wiederholungsprinzip *. kaufen (6 mal im ersten Absatz)* *. mehrfache Wörter, die die Angst ausdrücken (erschrocken, Schreckliches, u.s.w.)*	*Einprägungskraft* *didaktische Rolle*
im ganzen einfache stilistische Mittel	*Brechts These soll jedem verständlich sein*

5 - Perspective(s) narrative(s)

Perspective(s)	Ce que cela exprime

6 - Sens général du texte ou de l'extrait (en une formule)

Wie ist die Verwandlung eines unehrlichen Kaufmanns in einen Tiger zu interpretieren ?

7 - (Eventuellement) Contexte externe dont l'ignorance réduirait les possibilités d'interprétation

Brecht (1898-1956), ein moderner marxistischer Schriftsteller.

8 - Trame événementielle et thème général (sous forme non rédigée) dont la restitution par les élèves permettra au professeur de s'assurer que le texte entendu ou lu a été compris globalement par l'ensemble du groupe

Es war einmal in einem großen Land ein großer Kaufmann, der freundlich aussah und von allen geachtet wurde. Er kaufte und verkaufte alles. Er kaufte auch die Zeit der Leute und ihre Arbeit. Eines Tages aber bekam er eine arge Krankhheit und, als er wieder etwas kaufen und die Leute betrügen wollte, merkte er während der Verhandlung, daß seine Geschäftsfreunde vor ihm erschraken und wegliefen. Als der Kaufmann sich dann in einem Spiegel betrachtete, sah er, daß er ein neues Gesicht hatte : er sah aus wie ein Tiger.

9 - Obstacles lexicaux à la compréhension globale

geachtet
betrügen
die Verhandlung(en)
der Geschäftsfreund(e)

10 - Idées à faire mettre en problème et en relation pendant le commentaire et l'interprétation du texte que les élèves auront sous les yeux

Geld-Besitz
Geld-Achtung
Geld-Ausbeutung
Geld-Betrug
Schein-Sein
Vertrauen-Furcht

11 - Vocables ou expressions nécessaires à la compréhension détaillée que le professeur fera comprendre sous la pression du sens pour répondre à un besoin langagier spontané ou suscité
cf. tableau 12 C b

12 - Hypothèses d'organisation des données à écrire au tableau

A - Avant la présentation globale du texte

. (éventuellement) informations sur le contexte externe
par exemple datation, arrière-plan historique, civilisationnel, etc.

Bertolt Brecht (1898-1956) deutscher Schriftsteller
Brecht war ein überzeugter Marxist

. Obstacles lexicaux

geachtet =estimé
betrügen(o, o) = tromper
die Verhandlung(en) = la négociation
der Geschäftsfreund(e) = le correspondant d'affaires

B - Pendant le compte rendu collectif
- Tableau

der Kaufmann	*die Geschäftsfreunde*
ein großer Kaufmann	
kauft und verkauft alles mit Gewinn	*achten ihn*
sieht freundlich aus	*glauben ihm*
betrügt aber die Leute	
bekommt eine arge Krankheit	
bekommt ein neues Gesicht	
sieht aus wie ein Tiger	*erschrecken vor ihm*
will wieder einmal etwas kaufen	*laufen weg*

C - Pendant le commentaire et l'interprétation du texte (avec le support écrit)

a - tableau

der Kaufmann	*die Geschäftsfreunde*
geldgierig *skruppellos* *verachtet die Menschen* *beutet sie aus* *bereichert sich* *- an der Arbeit der anderen* *- durch Erwerb* } *Symbol des Kapitalismus* →	*Achtung* *Vertrauen*
Warum ? ←	
ein freundliches Aussehen *Schein ≠ Sein*	*leichtgläubig* *oberflächlich*
die Krankheit = Verwandlung	*Wissen sie wirklich nicht, wer er ist oder tun sie nur so ?* *heuchlerisch ?*
Schein = Sein	*fürchten sich vor ihm ;* *empfinden Ekel vor ihm ;* *verstoßen ihn.*

das Märchen	*Brechts These*
Ende gut, alles gut, wie in einem Märchen ? *Der "Böse" wird entlarvt (démasqué) und verstoßen.*	*Wird der Kapitalismus entlarvt, so geht er zugrunde.*

b - Vocables ou (et) expressions nécessaires à la compréhension détaillée du texte

Lexique passif	**Lexique actif**	**Langage actif du groupe**
das Bergwerk(e) : mine *arg : schlimm* *die Zinngrube(n) = mine d'étain* *blank : clair* *eigentümlich : curieux*	*das Gehirn : cerveau* *das laufende Band = la chaîne (usine)*	*merkwürdig : étrange* *sich verabreden(te) = prendre, donner rendez-vous*

13 - Fonctions et notions dont les élèves auront besoin

a - pour rendre compte du texte (cf. tableau 12B)

SA : als offenbar, augenscheinlich darstellen

b - pour commenter le texte (cf. tableau 12C)

SA : Vertrauen-Ekel ausdrücken
als augenscheinlich darstellen

14 - Moyens linguistiques impliqués par la contrainte du sens

scheinen (zu + inf.) ; aussehen (+ adj.) ; aussehen (wie) ;
aussehen, als ob ;
scheinbar ; anscheinend
tun, als ob

15 - Idées d'exercices possibles

*a - Mini-dialogue : War er ehrlich ? **Wenigstens schien er ehrlich zu sein.** War er freundlich ? War er ein netter Kaufmann ? Achteten ihn die Geschäftsleute ? Vertrauten sie ihm ?*

b - Expression semi-guidée (à faire à la maison)
Er war skruppellos, aber er schien...
Er verachtete die Menschen, aber er schien...
Er bereicherte sich durch Betrug, aber er schien...

c - Compléter par anscheinend (apparemment) ou scheinbar (en apparence)
Die Geschäftsleute rauchten dicke Zigarren ; ... waren sie reich. Sie glaubten dem Kaufmann, denn er war ... ehrlich. Daß er ... ehrlich war, erfuhren sie erst, als er ein neues Gesicht bekam.

d - Compléter à l'aide -entre autres- des éléments cités en 14
Die Geschäftsleute hörten dem Kaufmann aufmerksam ... ; ... waren sie sehr interessiert. Der Kaufmann fühlte sich sicher, denn die Geschäftsleute ... ihm ... glauben. Warum ... sie plötzlich so ..., als ob sie ... ... ? Hatten sie ... vorher wirklich geglaubt ? Oder hatten sie nur so getan, ... ? Warum ... sie ihn jetzt so erschrocken ... ? Er entdeckte im Spiegel, daß er ... ein Tiger ... .

16 - Libellé précis des hypothèses de tâches à faire à la maison

- A la fin de la première heure
Etre capable de reconstituer globalement l'ensemble du texte.
Souligner ou recopier 3 éléments qui montrent la richesse de cet homme d'affaires, 3 éléments qui montrent la confiance qu'il inspire et 3 éléments qui indiquent la peur qu'il crée.

- A la fin de la deuxième heure
Etre capable d'expliquer pourquoi cet homme a eu le visage d'un tigre, de formuler quelle est la thèse de Brecht en s'appuyant sur le tableau C.
Faire l'exercice 15 d.

CHAPITRE IV

COMMENT PREPARER L'ETUDE D'UN DOCUMENT ICONOGRAPHIQUE

REMARQUES

SUR LES DOCUMENTS ICONOGRAPHIQUES

1 - Leur nature

On peut notamment distinguer les dessins, les photos, les publicités, les caricatures, les histoires sans paroles et les tableaux.

2 - Leurs fonctions

Selon leur nature, les documents iconographiques peuvent être utilisés :
a - comme déclencheurs de parole,
b - comme supports à un exercice linguistique,
c - pour entrer dans un thème (Einstiegsphase, Aperitifphase),
d - pour une leçon d'exploitation,
e - comme sujets de devoirs,
f - comme objets d'étude en soi.

3 - Leurs approches

Le type d'approche est évidemment fonction de la nature du document et de l'objectif visé. Nous voudrions seulement donner deux conseils :

a - Laisser à la classe ou aux groupes le temps de prendre connaissance du document.

b - Si, comme il est très souvent conseillé, on prévoit deux étapes : la description du document, puis son interprétation, il est très important que l'activité des élèves lors de la description ne consiste pas à accumuler des détails sans lien entre eux et sans lien avec le tout. Par exemple, dès les débuts de l'apprentissage, la description des vêtements d'un personnage n'a d'intérêt que reliée à un trait de caractère, une appréciation ou une situation. On évitera donc de faire un cours "description" et un cours "interprétation".
En d'autres termes, il convient d'habituer les élèves à partir du global pour aller aux détails, à faire une description dynamique et non statique du document.

INDICATIONS BIBLIOGRAPHIQUES

- Bild als Sprechanlaß. **Sprechende Fotos**
  M.L. Brandi, H.Dommel, B.Helming
  Goethe-Institut 88

- Bild als Sprechanlaß. **Karikaturen**
  C.Dauvillier, Margareta Köchling
  Goethe-Institut 88

- Bild als Sprechanlaß. **Werbeanzeigen**
  I.Laveau, G.Nicolas, M.Sprenger
  Goethe-Institut

- Bild als Sprechanlaß. **Kunstbild**
  Goethe-Institut 88

- **Mir fällt auf...**
  40 Farbdiapositive als Sprechanlässe
  Begleitheft
  Eichheim, Helming, Mazaud, Wizemann
  Langenscheidt

- **Vater und Sohn**
  Bildgeschichten ausgewählt von Franz Eppert
  Hueber

- **So ein Dackel**
  22 Bildgeschichten für den Sprachunterricht
  Ernst Klett Stuttgart

FICHE DE PREPARATION
POUR L'ETUDE
D'UN DOCUMENT ICONOGRAPHIQUE

Inventaire chronologique des étapes de la préparation

1 - Caractériser le document (en 2 ou 3 mots).

2 - Dire éventuellement le travail préparatoire à réaliser ou l'ensemble dans lequel il s'insère.

3- Exprimer en une formule **l'intérêt** du document pour des jeunes de l'âge concerné et son intérêt didactique.

4 - Evaluer le **degré d'ouverture** du document.

5 - Dégager les grandes lignes de la **description** du document.

6 - Sélectionner quelques moyens linguistiques **indispensables à la description** du document.

7 - Dégager -en quelques formules simples- les grandes lignes de l'interprétation (analyse et opinion personnelle).

8 - Se demander s'il est nécessaire ; pour faire accéder le groupe à la compréhension profonde du document, de communiquer rapidement **quelques informations** (historiques, politiques, civilisationnelles) **avant** l'interprétation.

9 - Choisir -en fonction des données ci-dessus- un mode d'exploitation :
- global ou tronqué (découverte progressive du document),
- collectif ou par groupes.

10 - Dans l'hypothèse de travail par groupes, préciser la tâche assignée à chacun des groupes.

11 - Visualiser sous forme de tableau et, non rédigées, des hypothèses de traces écrites :
- avant la découverte silencieuse du document,
- pendant la description du document,
- avant l'interprétation,
- pendant son interprétation.

12 - En déduire les fonctions et les notions à mettre en oeuvre :
- pour décrire le document,
- pour le commenter et l'interpréter.

13 - Dégager les moyens linguistiques impliqués par la contrainte du sens.

14 - Elaborer quelques exercices à faire en classe ou (et) à la maison pour faire progresser le transfert.

15 - Formuler -avec précision et en termes d'actes observables- les hypothèses de tâches à faire à la maison en fonction du déroulement du cours.

Hypothèses d'organisation des traces écrites

1 - Avant la découverte silencieuse du document :
(cf. 6 ci-contre)
Mots ou expressions avec traduction ou synonyme ou équivalent

2 - Pendant la description du document :
(cf. 5 ci-contre)
Tableau visualisant sous forme verbalisée (jalons linguistiques) et peu verbalisée (jalons factuels et comportementaux) les interactions entre les personnages ou les relations entre les éléments.

3 - Avant l'interprétation :
(cf. 8 ci-contre)
Informations éventuelles sur le contexte externe, si indispensables à l'interprétation du document.

4 - Pendant l'interprétation du document :
(cf. 7 ci-contre)
Tableau visualisant sous forme verbalisée (enrichissement du langage du groupe) et peu verbalisée (argumentation) les principales étapes du commentaire et de l'interprétation.

5 - Moyens linguistiques impliqués par le document
(cf. 13 ci-contre)

6 - Amorces d'exercices à faire à la maison
(cf. 14 ci-contre)

7 - Consignes de travail à faire à la maison
(cf. 15 ci-contre).

Weihnachten in einem Mietshaus

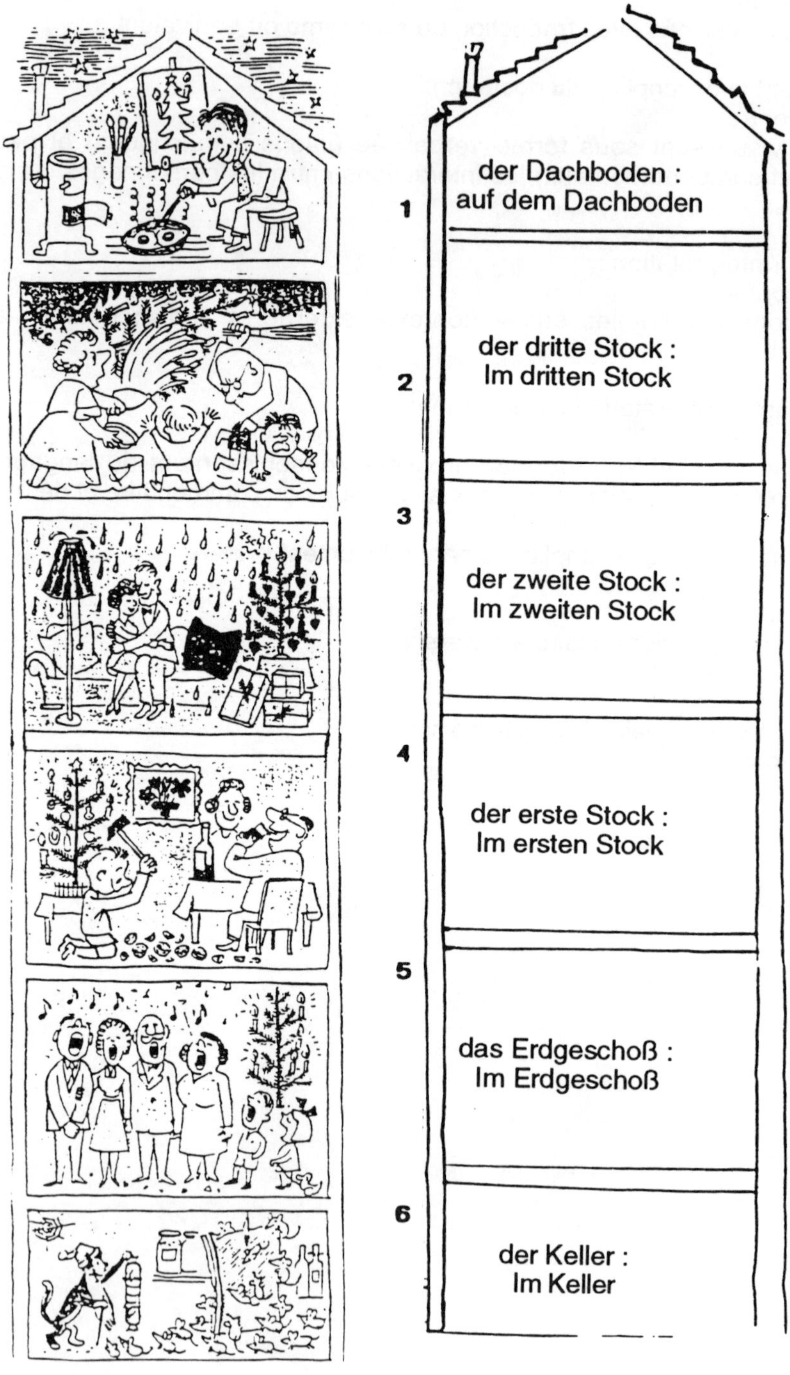

GRILLE DE PREPARATION POUR DES COURS CONSACRES A L'ETUDE D'UN DOCUMENT ICONOGRAPHIQUE

Titre : *Weihnachten in einem Mietshaus* **Auteur :**
Tiré de :
Niveau envisagé : *3ème LV1*

---

1 - Type de document :

Histoire sans paroles

2 - Eventuellement, travail préparatoire à réaliser ou (et) ensemble dans lequel s'insère l'étude de ce document :

néant

3 - Intérêt du document pour des jeunes de l'âge concerné

Conception du bonheur

4 - Document : ouvert ☐ **semi-ouvert** ☒ **fermé** ☐

5 - Grandes lignes de la description du document
Ceci doit être un point de départ pour le professeur et non un point d'aboutissement auquel il faudrait "amener" les élèves.

Egal ob im Keller oder auf dem Dachboden, jeder feiert Weihnachten auf seine Weise.
Der Maler lebt ärmlich auf dem Dachboden (keine Heizung, wenig zu essen).
Die Katze lebt im Keller (Spinnen, Mäuse), verkleidet sich als Weihnachtsmann, um Mäuse zu fangen.
Das Liebespaar kümmert sich weder um das Wasser, das die Frau oben auf den Tannenbaum schüttet, um den Brand auszulöschen, noch um die Geschenke.
Die Familie im Erdgeschoß singt sehr laut, um den Lärm nicht zu hören, den das Kind oben mit seinem Hammer macht.

6 - Mots ou expressions indispensables à la description du document à élucider avant la découverte silencieuse de celui-ci.

sich verkleiden
die Nuß
in Brand stecken
auslöschen
die Klopfpeitsche

7 - Grandes lignes de l'interprétation du document à titre indicatif pour le professeur.

Jedem sein Glück.
Der Maler und die Katze : mit Fantasie findet man immer ein Mittel, Weihnachten zu feiern.
Das Liebespaar : so verliebt, daß es das Wasser und die Geschenke vergißt !
Alle genießen einfache Freuden (Gesang, Spiel).
Nur die Familie im 3. Stock kann dieses stille Glück nicht genießen.

8 - Informations éventuellement nécessaires à la compréhension profonde à communiquer avant l'interprétation

9 - Mode d'exploitation retenu

a - global **tronqué**

si tronqué, de quelle partie ?

b - collectif **par groupes**

10 - Dans le cas d'un travail par groupes, prévoir la tâche assignée à chacun des groupes et la forme que prendra la mise en commun

<u>Première heure</u>

un groupe reçoit les dessins 1 et 6 *sans les numéros*
un " " " 2 et 3 *et sans l'étage*
un " " " 4 et 5

Chaque groupe dispose de quelques minutes pour se préparer à décrire ses deux dessins devant l'ensemble de la classe, à les situer l'un par rapport à l'autre et à justifier l'ordre choisi.

<u>Deuxième heure</u>

Chaque groupe choisit lui-même deux ou trois images et, après une brève préparation, doit expliquer aux autres les critères selon lesquels il les a regroupées (ressemblances, différences des conceptions d'existence et du bonheur).

11 - Hypothèses d'organisation des notes à écrire au tableau

A - Avant la découverte silencieuse du document

A tous : on remet le titre avec sa traduction et le dessin de droite.
Au groupe 1 : sich als + nom. verkleiden(te) : se déguiser
Au groupe 2 : in Brand stecken(te) : mettre le feu
auslöschen(te) : éteindre
die Klopfpeitsche : le martinet
Au groupe 3 : die Nuß, die Nüsse : la noix

B - Pendant la description globale du document

Bilder 1 und 6

Bild	Déductions	Justifications
1	Der Mann : Maler	hat gemalt ;
	arm	wohnt auf dem Dachboden ;
		keine Heizung ;
		nur 2 Eier.
6	Die Katze : listig	verkleidet
	im Keller	Spinnen, Mäuse

Bild 2

Kinder	Mutter	Vater
haben ... in Brand gesteckt	löscht aus	straft

Bild 3

das Wasser tropft	das Liebespaar rührt sich nicht

Bilder 4 und 5

Bild 4	das Kind ... Lärm	die Eltern ... ungestört
5	die Nachbarn singen	schimpfen nicht

C - Avant l'interprétation du document (aides préalables éventuellement indispensables à la compréhension profonde)

néant

D - Pendant le commentaire et l'interprétation du document

Pas question de prévoir un "Tafelbild" puisque le contenu dépendra des regroupements choisis. Par exemple, l'interprétation de dessin 1 ne sera pas la même, selon qu'on l'oppose à l'image 2 ou à l'image 3.
Tout au plus peut-on préparer quelques observations générales à relativiser.

Alle : glücklich - bis auf die Familie im 2. Stock
Zwei "Mieter" (Bild 1 & 6)
ärmlich ; leben allein ;
helfen sich aber durch Fantasie und List.
Das Liebespaar (Bild 3)
Gegensatz Umgebung / inneres Glück
Achtet nicht auf die Umgebung
Liebe macht blind und taub !
Die drei Familien (Bilder 2, 4 & 5)
a - Im Erdgeschoß (Bild 5)
Alle machen mit.
Alle (Eltern und Kinder) haben Freude an dem Weihnachtsfest.

b - Im ersten Stock (Bild 4)
Jeder für sich :
Das Kind schlägt mit dem Hammer auf Nüsse !
Der Vater trinkt.
Die Mutter sieht zu.
c - Im dritten Stock (Bild 2)
Ausnahme : keine Weihnachtsstimmung.
Feuer und Wasser.
Vater und Mutter reagieren anders : die Mutter löscht das Feuer, der Vater straft den Sohn.

12 - Fonctions et notions dont les élèves auront besoin

a - pour décrire le document (cf. tableau 11B)

1 & 6 : déduction (AB)
2 : opposition ((AB)
3 & 4, 5 : concession (AB)

b - pour le commenter (cf. tableau 11D)

comparaison	*SA : vergleichen*
Glück	*SA : Glück ausdrücken*

Alleinsein und Zusammensein

13 - Moyens linguistiques impliqués par la contrainte du sens

denn, während, obwohl, anstatt
einsam sein, Leid tun, beneiden
zusammensein

14 - Quelques idées d'exercices

1 - Exercice d'expression semi-guidée
Justifiez votre déduction en fonction de l'image indiquée
Bild 1
Es ist dem Maler kalt, ...
Der Ofen funktionniert nicht, ...
Der Maler hat nicht viel zu essen ...
Bild 2
Der Vater ist böse, ...
Bild 3
Das Liebespaar ist sehr glücklich, ...

2 - Exercice d'expression semi-guidée
Justifiez l'ordre que vous proposez pour les différentes images.
Ex. : Das Bild mit dem Liebespaar steht unter dem Bild mit dem Brand, ...

3 - Compléter les phrases ci-dessous en fonction des images indiquées

Bild 2	*Der Vater schlägt das Kind, ...*
Bild 3	*Das Liebespaar merkt nichts, ...*
Bild 4	*Die Eltern sehen froh aus, ...*
Bild 5	*Die ganze Familie singt, ...*

15 - Libellé précis des tâches à faire à la maison

- pour l'ensemble de la classe

<u>Après la première heure</u>
S'entraîner, en s'aidant de 11B, à décrire l'ensemble des images.
Faire l'exercice 2.

<u>Après la deuxième heure</u>
S'entraîner à commenter cette histoire en choisissant en 11D les éléments qui correspondent à votre interprétation.
Faire l'exercice 3.

- pour chacun des groupes

IM FAMILIENKREIS

GRILLE DE PREPARATION POUR DES COURS CONSACRES A L'ETUDE D'UN DOCUMENT ICONOGRAPHIQUE

Titre : *Im Familienkreis* **Auteur :** *Alexander Paul Weber*
Tiré de : *Kritische Graphik*
Niveau envisagé : *2de LV2*

---

1 - Type de document :

Histoire sans paroles

2 - Eventuellement, travail préparatoire à réaliser ou (et) ensemble dans lequel s'insère l'étude de ce document :

Cette histoire sans paroles pourrait servir à une leçon d'exploitation après l'étude de un ou plusieurs textes consacrés à la télévision.
Ex. : télévision et influence sur les enfants
télévision et lecture
télévision et communication.

3 - Intérêt du document pour des jeunes de l'âge concerné

Evoque un problème familier : la famille et la télévision. S'y rajoute la note humoristique apportée par la grand-mère autoritaire.

4 - Document : ouvert ☐ **semi-ouvert** ☒ **fermé** ☐

5 - Grandes lignes de la description du document
Ceci doit être un point de départ pour le professeur et non un point d'aboutissement auquel il faudrait "amener" les élèves.

Im Wohnzimmer. Die ganze Familie sieht fern. Alle außer der Großmutter langweilen sich. Mutter, Kinder und Vater verschwinden einer nach dem anderen in der Küche, wo sie Karten spielen. Sie sehen vergnügt aus, aber die Großmutter ist sehr böse.

6 - Mots ou expressions indispensables à la description du document à élucider avant la découverte silencieuse de celui-ci.

fernsehen

7 - Grandes lignes de l'interprétation du document à titre indicatif pour le professeur.

Die ganze Familie ist vor dem Fernsehapparat versammelt.
Ein richtiger Familienkreis ? Alle sehen aber unglücklich, gelangweilt aus. Wahrscheinlich hat die autoritäre Großmutter das Programm gewählt und alle scheinen Angst vor ihr zu haben. Die Mutter findet einen Vorwand, um zu verschwinden. Sie spült nämlich noch lieber das Geschirr. Die anderen Familienmitglieder folgen ihr in die Küche. Sie spielen Karten und freuen sich, zusammen zu sein. Diesmal ein richtiger Familienkreis in der warmen Küche. Die Großmutter bleibt allein im Wohnzimmer und wirft der fröhlichen Familie einen bösen Blick zu. Alle lachen aber : sie sind die Tyrannei der Großmutter und die Tyrannei des Fernsehens los.

8 - Informations éventuellement nécessaires à la compréhension profonde à communiquer avant l'interprétation

néant

9 - Mode d'exploitation retenu

a - global ☐ **tronqué** ☒

si tronqué, de quelle partie ?

b - collectif ☐ **par groupes** ☒

10 - Dans le cas d'un travail par groupes, prévoir la tâche assignée à chacun des groupes et la forme que prendra la mise en commun

11 - Hypothèses d'organisation des notes à écrire au tableau

A - Avant la découverte silencieuse du document

néant

B - Pendant la description globale du document

- tableau

Im Wohnzimmer	*In der Küche*
die ganze Familie sieht fern ↔ *alle langweilen sich außer der Großmutter*	*Mutter, Kinder, Vater*
Die Großmutter bleibt allein vor dem Fernsehapparat ↔	*verschwinden in der Küche* *spielen Karten*
ist böse ↔	*sehen vergnügt aus*

C - Avant l'interprétation du document
(aides préalables éventuellement indispensables à la compréhension profonde)

néant

D - Pendant le commentaire et l'interprétation du document

die Großmutter	*die anderen*
	vor dem Fernsehapparat versammelt
sieht interessiert aus ——	*sehen gelangweilt aus* *die Sendung ist nicht spannend* *warum schauen sie sich denn diese Sendung an ?*
sieht autoritär aus *sitzt steif auf einem Stuhl* *Witwe eines Offiziers ?* *(Porträt an der Wand)* *befiehlt und verbietet* *hat wahrscheinlich das Programm gewählt*	*alle scheinen Angst vor der Großmutter zu haben*
	die Mutter sucht einen Vorwand <u>in der Küche</u>
fühlt sich ausgeschlossen	*sie strahlen vor Freude* *sie lachen und unterhalten sich miteinander*
böse oder traurig ?	*sie sind glücklich zusammen ohne die Großmutter und ohne Fernsehen*

12 - Fonctions et notions dont les élèves auront besoin

a - pour décrire le document (cf. tableau 11B)

AB : *opposition*
AB : *exception*

b - pour le commenter (cf. tableau 11D)

SA : *Langeweile - Interesse ausdrücken*
SA : *Vorliebe ausdrücken*
SA : *Auffordern*

13 - Moyens linguistiques impliqués par la contrainte du sens

verbes et adjectifs exprimant la joie
nur & außer
lieber

14 - Quelques idées d'exercices

1 - Exercice d'expression semi-guidée
Alle langweilen sich ; on pourra rectifier en fonction de l'image indiquée : "nur die Großmutter sieht interessiert aus".
Bild 1 : *Alle sitzen lässig. Alle haben die Augen auf. Alle haben die Füße auf dem Boden.*

Bild 2 : *Alle sitzen. Alle sehen weg vom Fernseher.*

Bild 6 : *Alle lachen.*

2 - Exercice de reformulation (à faire à la maison)
Modèle : Alle langweilen sich ; nur die Großmutter sieht interessiert aus.
Alle langweilen sich außer der Großmutter, die interessiert aussieht.

Alle sitzen lässig, nur die Großmutter sitzt gerade.
Alle haben die Augen auf, nur der Vater schläft.
Alle haben die Füße auf dem Boden, nur der Junge und das Mädchen haben die Füße auf dem Sofa.
Alle sitzen, nur die Mutter steht.
Alle sehen weg vom Fernseher, nur die Großmutter starrt auf den Fernseher.
Alle lachen, nur die Großmutter sieht böse aus.

3 - Exercice structural (en classe)
Modèle : Hat die Mutter Lust, Geschirr zu spülen ?
Nein, aber es ist so langweilig vor dem Fernseher, daß sie lieber Geschirr spült.
Hat der Vater Lust zu schlafen ? Hat der Junge Lust, das Wohnzimmer zu verlassen ? Hat das Mädchen Lust, wegzugehen ? Hat der Vater Lust, in die Küche zu gehen ?

4 - A la maison ; classer les verbes et adjectifs utilisés en classe pour exprimer la joie dans l'ordre croissant d'intensité.

15 - Libellé précis des tâches à faire à la maison

- pour l'ensemble de la classe

Etre capable de raconter le déroulement de cette histoire sans paroles et de l'interpréter à l'aide des notes inscrites dans le cahier.

- pour chacun des groupes

Der Abschied

(1913)

August Macke

GRILLE DE PREPARATION POUR DES COURS CONSACRES A L'ETUDE D'UN DOCUMENT ICONOGRAPHIQUE

Titre : *Der Abschied 1913* **Auteur :** *August Macke*
Tiré de : *Köln-Wallraf-Richartz-Museum*
Niveau envisagé : *Terminale LV1 ou LV2*

---

1 - Type de document :

tableau expressionniste

2 - Eventuellement, travail préparatoire à réaliser ou (et) ensemble dans lequel s'insère l'étude de ce document :

Projeter tout d'abord différentes reproductions en diapositives de tableaux expressionnistes, afin que les élèves se familiarisent avec les méthodes picturales de l'expressionnisme (couleurs contrastées, déformation des visages et des corps) et s'interrogent sur leur signification.

Ce tableau décrivant la tristesse du départ à la guerre (en 1914) pourrait servir de contrepoint à des documents qui montrent, au contraire, l'enthousiasme qu'a déclenché la déclaration de guerre.
On trouvera facilement dans les différents manuels des textes qui illustrent ce déferlement d'enthousiasme.

3 - Intérêt du document pour des jeunes de l'âge concerné

Tableau d'approche relativement simple : permet aux élèves de s'initier à l'expressionnisme qui est un mouvement spécifiquement germanique.

4 - Document : ouvert [ ] **semi-ouvert** [X] **fermé** [ ]

5 - Grandes lignes de la description du document
Ceci doit être un point de départ pour le professeur et non un point d'aboutissement auquel il faudrait "amener" les élèves.

Auf diesem Bild, das 1913 gemalt wurde, können wir verschiedene Gruppen unterscheiden.
Im Hintergrund erblicken wir drei Damen, die in Schwarz gekleidet sind. Die drei Männer, die ein wenig abseits stehen, scheinen zu dieser Gruppe zu gehören.
Im Vordergrund gibt es drei Gruppen : links zwei Frauen, die zusammenreden ; rechts zwei Männer -ihre Männer ?-, deren Köpfe man nicht sieht.
In der Mitte stehen zwei Kinder und ein Hund. Die leuchtenden Farben dieser Gruppe kontrastieren mit den dunklen Farben der Gruppe im Hintergrund.
Was ist der Schauplatz dieser Szene ? Und was stellt sie dar ?

6 - Mots ou expressions indispensables à la description du document à élucider avant la découverte silencieuse de celui-ci.

der Schauplatz

7 - Grandes lignes de l'interprétation du document à titre indicatif pour le professeur.

Dieses Bild ist eine prophetische Vision des Aufbruchs in den Krieg. Es gibt einen Abstand zwischen den Gruppen, sei es im Hintergrund oder im Vordergrund. Die Männer sind räumlich von den Frauen getrennt. Sie haben schon in Gedanken Abschied genommen.
Obwohl die beiden Frauen im Vordergrund anscheinend verschiedenen Gesellschaftsschichten angehören, fühlen sie sich solidarisch in der Traurigkeit und der Einsamkeit.
Die Kinder und der Hund stellen eine Verbindung zwischen den Gruppen der Männer und den Gruppen der Frauen her, zwischen denjenigen, die in den Krieg ziehen und denjenigen, die zurückbleiben, zwischen Tod und Leben.
Was bedeutet der Kontrast zwischen den hellen Farben und den dunklen Farben in den verschiedenen Gruppen ? Die Anonymität des Rahmens ? Die Anonymität der Personen (keine Gesichtszüge) ? Die Bewegungslosigkeit in diesem Gemälde ?
Wie wirken die Farben ?

8 - Informations éventuellement nécessaires à la compréhension profonde à communiquer avant l'interprétation

August Macke (1914 in der Champagne gefallen) ist ein expressionistischer Maler, Mitglied der Künstlergemeinschaft : der blaue Reiter. Der Expressionismus (≠ Impressionismus) will die neue Weltanschauung einer neuen Welt ausdrücken. Es ist eine herausfordernde Kunst (kontrastreiche Farben, Z.B.).

9 - Mode d'exploitation retenu

a - global ☒ **tronqué** ☐

si tronqué, de quelle partie ?

b - collectif ☒ **par groupes** ☒

10 - Dans le cas d'un travail par groupes, prévoir la tâche assignée à chacun des groupes et la forme que prendra la mise en commun

1ère heure : découverte collective globale du tableau.
2ème heure : trois groupes d'élèves se chargent chacun d'un groupe de personnages : description approfondie, tentative d'interprétation ; un rapporteur par groupe présente le travail du groupe.

11 - Hypothèses d'organisation des notes à écrire au tableau

A - Avant la découverte silencieuse du document
(aides préalables à la description globale)

La méthodologie ainsi que le vocabulaire spécifique nécessaires à la description d'un tableau auront fait l'objet d'un cours préalable. Tous ces renseignements sont inscrits sur une fiche qui doit aider l'élève pendant le cours.

B - Pendant la description globale du document

Schauplatz
ein Bahnhof ?
eine Kirche ?

Zeitpunkt : 1913

im Hintergrund
eine Gruppe von drei in Schwarz gekleideten Frauen
etwas abseits
eine Gruppe von drei Männern
Gehören die beiden Gruppen zusammen ?
im Vordergrund

Gruppe links
Zwei Frauen reden miteinander.
Eine hat einen roten Schal ;
sie hält ein Taschentuch : weint sie ?

Gruppe rechts
Zwei Männer wenden ihnen den Rücken zu.
Man sieht ihre Köpfe nicht.

Gruppe in der Mitte
zwei Kinder mit Hund
hellere Farben

C - Avant l'interprétation du document
(aides préalables éventuellement indispensables à la compréhension profonde)

cf. 8 page 100

D - Pendant le commentaire et l'interprétation du document

Schauplatz
Banalität, Anonymität des Rahmens
Es könnte irgendwo sein.

Zeitpunkt
Vor Ausbruch des 1. Weltkrieges

im Hintergrund
Schwarz : Traurigkeit, Tod
Schon Witwen ?
etwas abseits
Traurig ? Besorgt ?
Worüber mögen sie wohl sprechen ?
im Vordergrund

Gruppe links
eine Frau : Bäuerin
die andere : elegante Städterin
geneigte Haltung des Kopfes : Traurigkeit
beide : dieselbe Traurigkeit
Angst um Ihre Männer (A)
keine gesellschaftlichen Unterschiede mehr.
Solidarität in der Einsamkeit

Gruppe rechts
Die Männer ziehen in den Krieg
schon in Gedanken woanders
schon von den Frauen getrennt
schon Abschied genommen
scheinen sich damit abzufinden (D)

Gruppe in der Mitte
Die Kinder stellen eine Verbindung zwischen den Gruppen her.
Gibt es dennoch Hoffnung ?

anonyme Gesichter
(Bedeutung ?)

keine Bewegung
(Bedeutung ?)

Bedeutung der Farben ?

12 - Fonctions et notions dont les élèves auront besoin

a - pour décrire le document (cf. tableau 11B)

AB : localisation
AB : opposition

b - pour le commenter (cf. tableau 11D)

AB : Trennung - Verbindung
AB : Licht - Dunkel
SA : Schmerz - Resignation ausdrücken

13 - Moyens linguistiques impliqués par la contrainte du sens

locatifs
im Gegensatz zu ; während ;
auffallen, ausdrücken, einen Eindruck machen(auf + A)
wirken + adj. ; wirken (als)

14 - Quelques idées d'exercices

1 - Mini-dialogue semi-guidé à partir du tableau

Exemple : Die Kinder haben hellere Kleider an.
Ja, im Gegensatz zu den Frauen, die in Schwarz gekleidet sind.

Die Damen im Hintergrund stehen ganz im Dunkel.
Alle Erwachsenen sind dunkel gekleidet.
Die zweite Dame links hat kein einziges helles Kleidungsstück.
Die drei Männer hinten links zeigen ihre Köpfe.
Die Leute der meisten Gruppen reden miteinander.
Die Menschen interessieren sich nicht für die Kinder.

2 - Mini-dialogue semi-guidé à partir du tableau

Exemple : Der vordere Teil des Bildes steht im Licht.
Während der hintere Teil im Dunkel steht.

Mêmes amorces que pour l'exercice précédent.

3 - Exercice lacunaire à faire à la maison
Compléter à l'aide -entre autres- des éléments cités en 13
Dieses Bild ... befremdend. Der Kontrast zwischen den hellen Farben und den dunklen Farben ... uns gleich ... . Was ... die hellen Farben der Gruppe vorn ... ? Wie ... die Tatsache, daß die Männer den Frauen den Rücken ... ? Was ... euch in den Beziehungen zwischen den Personen ... ? Wie ... das Tragische der Zeit ... ? Welchen ... macht dieses Bild auf ... Betrachter ? ... dieses Bild ... Protestschrei ? Oder drückt es ... aus ?

15 - Libellé précis des tâches à faire à la maison

- pour l'ensemble de la classe

Après la première heure :
Etre capable de décrire globalement le tableau.
Préparation du travail en groupes (répartition).
*Refaire les exercices **14** 1 & 2.*

Après la deuxième heure :
Etre capable de faire une synthèse des travaux des groupes et d'interpréter le tableau de Macke, en intégrant les notes écrites dans le cahier (voir ci-dessus).
*Faire l'exercice **14** 3.*

- Pour chacun des groupes

Chaque groupe doit faire une description détaillée des personnages choisis puis les intégrer à l'ensemble du tableau pour arriver à la signification de l'ensemble à partir du détail : chaque groupe désigne un rapporteur qui présentera successivement ces deux phases.
Etre capable de faire la synthèse des travaux de groupes (reconstitués dans le tableau D).
Faire les exercices 2 & 3 pour mieux y parvenir.

GEBIRGSLANDSCHAFT MIT REGENBOGEN

Caspar David Friedrich

GRILLE DE PREPARATION POUR DES COURS CONSACRES A L'ETUDE D'UN DOCUMENT ICONOGRAPHIQUE

Titre : *Gebirgslandschaft mit Regenbogen (um 1809)* **Auteur :** *C.D.Friedrich*
Tiré de : *Museum Folkwang - Essen*
Niveau envisagé : *terminale LV1 ou LV2*
particulièrement les terminales à option "arts plastiques" ou les terminales littéraires

---

1 - Type de document :

tableau romantique

2 - Eventuellement, travail préparatoire à réaliser ou (et) ensemble dans lequel s'insère l'étude de ce document :

Travail préparatoire : projeter plusieurs diapositives de C.D.Friedrich pour sensibiliser les élèves aux thèmes de son oeuvre et spécialement à celui de l'homme perdu dans la nature mais dialoguant avec elle.

Ensemble :
Ce tableau s'insère dans une unité thématique consacrée au romantisme qui pourrait comporter par exemple :
- le texte qui commence le roman "Heinrich von Ofterdingen" de Novalis,
- un poème de Eichendorff : "Es war, als hätte der Himmel die Erde still geküßt".
Il importe de choisir des documents qui montrent des aspects différents du romantisme.

3 - Intérêt du document pour des jeunes de l'âge concerné

Le romantisme est le mouvement artistique d'hommes jeunes qui rejetaient le rationalisme du siècle des lumières et célébraient l'idéalisme et l'individualité, ce qui correspond bien aux sentiments de l'adolescence.

4 - Document : ouvert /__/ **semi-ouvert** /X/ **fermé** /__/

5 - Grandes lignes de la description du document
Ceci doit être un point de départ pour le professeur et non un point d'aboutissement auquel il faudrait "amener" les élèves.

Eine Nachtlandschaft. Im Hintergrund sehen wir dunkle Berge, die ein Regenbogen umspannt. Der ebenso dunkle Himmel ist mit Wolken bedeckt, durch welche doch der Mond bricht. Im viel helleren Vordergrund erblicken wir einen Mann, der dicht an einem Abgrund steht und an einen Felsen gelehnt ist. Er kehrt uns den Rücken und scheint die Landschaft zu betrachten.

6 - Mots ou expressions indispensables à la description du document à élucider avant la découverte silencieuse de celui-ci.

der Regenbogen
umspannen
der Abgrund
der Felsen

7 - Grandes lignes de l'interprétation du document à titre indicatif pour le professeur.

Der Mann auf dem Bild gibt sich ganz dem Hinschauen hin. Gelehnt an den Felsen sieht der Mann zu dem Regenbogen, zu den dunklen Bergen hinüber, von denen ihn der tiefe Abgrund trennt. Dicht an diesem Abgrund erlebt er das Wunder der Natur. Der Mann wirkt einsam und klein in der unermeßlichen Natur. Der Regenbogen aber ist Sinnbild der Versöhnung zwischen Gott, der in der Natur erscheint, und den Menschen. Er symbolisiert die Hoffnung auf die Erlösung aus der im Dunkel daliegenden Welt.
Das Licht, das auch den Regenbogen erscheinen läßt, trifft ihn.
Tag und Nacht, Tod und Leben verbinden sich.

8 - Informations éventuellement nécessaires à la compréhension profonde à communiquer avant l'interprétation

C.D.Friedrich schrieb : "Der Maler soll nicht bloß malen, was er vor sich sieht, sondern auch, was er in sich sieht. Sieht er aber nichts in sich, so unterlasse er auch zu malen".

9 - Mode d'exploitation retenu

a - global [X] **tronqué** [ ]

si tronqué, de quelle partie ?

b - collectif [ ] **par groupes** [X]

10 - Dans le cas d'un travail par groupes, prévoir la tâche assignée à chacun des groupes et la forme que prendra la mise en commun

Travail en deux groupes : l'un est chargé de déchiffrer les symboles du paysage ; l'autre s'occupe du personnage et de son rôle dans le tableau.

11 - Hypothèses d'organisation des notes à écrire au tableau

A - Avant la découverte silencieuse du document
(aides préalables à la description globale)

B - Pendant la description globale du document

Nachtlandschaft

im Hintergrund
dunkle Berge, von einem
Regenbogen umspannt
dunkler Himmel mit Wolken bedeckt
der Mond bricht durch die Wolken

im Vordergrund
helle Bäume - helle Felsen
helle Figur - ein Mann
dicht am Abgrund
an einen Felsen gelehnt

C - Avant l'interprétation du document
(aides préalables éventuellement indispensables à la compréhenqion profonde)

"Der Maler soll nicht bloß malen, was er vor sich sieht, sondern auch, was er in sich sieht".
C.D.Friedrich

D - Pendant le commentaire et l'interprétation du document

der Mann	*die Natur*
was fällt auf ?	
Kleinheit *Einsamkeit* *als Rückenfigur dargestellt* *dient als Maßtab für* →	*Unermeßlichkeit*
betrachtet oder bewundert *die Natur ?* →	*romantische Landschaft* *(Felsen - Abgründe)* *die Natur : Seelenspiegel* *(romantisches Motiv)*
und besonders den Regenbogen ? →	*Kontrast zwischen dem hellen* *Regenbogen und dem dunklen* *Himmel, den dunklen Bergen* ↓ *Symbol der Hoffnung* *Welcher Hoffnung ?*
an einen Felsen gelehnt *Bedeutung des Felsens ?* *. für den Menschen* *. für den Künstler*	
begegnen sich auf diesem Gemälde	

12 - Fonctions et notions dont les élèves auront besoin

a - pour décrire le document (cf. tableau 11B)

AB : Dunkelheit - Licht
AB : localisation

b - pour le commenter (cf. tableau 11D)

AB : Kleinheit - Größe
Einsamkeit - Vereinigung

13 - Moyens linguistiques impliqués par la contrainte du sens

erblicken, betrachten, bewundern ;
hinschauen, hinsehen, hinaufsehen, hinuntersehen, hinübersehen ;
wirken (+ adj.), auffallen, ausdrücken, den Eindruck haben

14 - Quelques idées d'exercices

1 - Exercice lacunaire destiné à guider la reconstitution de la description du tableau : les lacunes concernent la localisation dans le tableau ou dans la nature.

Die Berge ... ... sind dunkel. ... ... sind dunkle Wolken. Die Bäume, die Felsen stehen ... ..., im Gegensatz zu den Bergen, die im Dunkel stehen. Der Mann ... ... steht dicht ... .

2 - Exercice lacunaire à faire à la maison destiné à aider les élèves à reconstituer le commentaire du tableau. Compléter à l'aide des éléments cités en 13.

Auf diesem Bild ... uns gleich die Kleinheit und die Einsamkeit ... ... Der Mann ... ganz klein in der unermeßlich ... Natur, und man hat ... ... , daß er nur da ist, damit der Betrachter die Unermeßlichkeit der ... empfinden ... . Der Kontrast ... ... hellen Figur und ... dunklen Himmel, zwischen ... hellen Bäumen und ... dunklen ...... den Kontrast zwischen ... Göttlichen und ... Welt ... .

3 - Exercice lacunaire destiné à aider les élèves du groupe n'ayant pas travaillé les symboles à reconstituer l'interprétation à la maison.

Was symbolisiert der Abgrund zwischen ... Mann und ... ... ? Der Regenbogen symbolisiert die Versöhnung zwischen ... Licht und ... ..., zwischen ... Natur und ... ..., ... Göttlichen und ... Menschlichen, zwischen ... ... und ... Tod. Der Felsen symbolisiert den Glauben ... ... : der Mann auf dem Bild lehnt sich an den Felsen, wie der Mensch sich auf ... Glauben ... Gott stützt und wie der Künstler sich auf seine Kunst stützt.

15 - Libellé précis des tâches à faire à la maison

Après la première heure :
- Travail pour la classe : être capable de décrire globalement le tableau.
Compléter le résumé 1.
- Répartition du travail par groupes :
un groupe : paysage un groupe : personnage.

Après la deuxième heure
Etre capable de faire la synthèse des travaux de groupes (reconstituée dans le tableau D).
Faire les exercices 2 & 3 pour mieux y parvenir.

CHAPITRE V

COMMENT PREPARER UNE LECTURE AUTONOME ET SON EXPLOITATION

INDICATIONS BIBLIOGRAPHIQUES

1 - Didaktik des Leseverstehens
Strategien des voraussagenden Lesens mit Übungsprogramm
G.Weshoff
Hueber

2 - "Aider les élèves à diversifier leurs stratégies de lecture"
Cahiers pédagogiques Lectures 1989 38-39

3 - La lecture à l'école
Eveline Charmeux Editions CEDIC

4 - Lesekurs Deutsch - Eine Einführung in die Texterschließung
Hajny Wirbelauer
Langenscheidt

5 - Schritte, Passos, Passi, Steps, Pas
Ein Lesebuch für die Grundstufe
Seibert Stollenwerk
Langenscheidt

6 - Lesen, na und ? Ein literarisches Arbeitsbuch für die ersten Jahre Deutsch
Langenscheidt

7 - Authentische Texte im Deutschunterricht
Einführung und Unterrichtsmethode
Christoph Edelhoff
Hueber

8 - Literatur im Unterricht
Methodisch-didaktische Vorschläge für den Lehrer
Goethe-Institut 84

9 - Literatur im Deutschunterricht
am Beispiel von narrativen Texten
Brigitte Helmling, Gustav Wackwitz
Goethe 1986

10 - Training des Leseverstehens mit Hilfe von Sachtexten
M.L.Brandi, D.Strauß
Goethe-Institut 85

11 - Junge deutsche Literatur
Suzanne Rathlau
Klett Edition Deutsch

FICHE DE PREPARATION POUR L'ETUDE
D'UN TEXTE SE PRETANT A LA LECTURE AUTONOME

Inventaire chronologique des étapes de la préparation

1 - Caractériser le texte du point de vue de sa langue, de sa nature, de sa longueur et de son contenu.

2 - En déduire :

a - le type de lecture auquel vous voulez entraîner vos élèves (sélective, globale ou détaillée),

b - une démarche en fonction du type de lecture privilégié.

3 - Préparer une activité propre à donner envie de lire le texte.

4 - Lister les informations ou (et) les faits importants pour le type de lecture choisi.

5 - Repérer la nature des difficultés et les éléments facilitateurs.

6 - Elaborer des aides adaptées aux difficultés repérées.

7 - Découper le texte -si sa longueur l'impose- en différentes parties formant une unité de sens.

8 - Elaborer un polycopié qui sera distribué aux élèves avant la lecture autonome comprenant les aides préalables, les consignes de lecture et les exercices éventuels.

9 - Préparer une ou plusieurs activités de classe après la lecture autonome.

10 - Elaborer des tests de compréhension de l'écrit adaptés aux types de difficultés repérés et au type de lecture retenu.

GELD

„Die jungen Leute haben zuviel Geld" – sagen die Erwachsenen.

Stimmt das wirklich? Wieviel Taschengeld bekommen deutsche Jugendliche? Haben sie Freizeitjobs? Wieviel verdienen sie? Und was kaufen sie?

Junge Leute sprechen über Geld. Aber wer sagt was? Sieh dir die Fotos an und schreib' die Namen auf.

1

6. November 1990. 5 Uhr 30, Dienstag morgen in Hannover: Ein Junge steckt Zeitungen in einen Briefkasten. „Zeitungenaustragen ist ätzend, aber ich brauche das Geld. Im Moment verdiene ich 20 Mark die Woche ... plus 50 Mark Taschengeld ... plus Geld zu Weihnachten. Das kommt alles sofort auf mein Bankkonto."

Seine Mutter mag den Freizeitjob nicht besonders. „Sie hat ja recht. Ich bin in der Schule oft müde und so. Aber ich arbeite noch bis* zu den Sommerferien. Dann möchte ich einen Computer kaufen."

Name: ....

2

„Ich hab' einen Super-Freizeitjob. Ich trainiere die Knabenmannschaft bei uns im Fußball-Verein. Das macht sehr viel Spaß. Geld gibt's auch, aber nur 25 Mark im Monat. Das Geld kommt sofort in mein großes Sparschwein. Ich spare für eine Hifi-Anlage."

Name: ....

3

„Ich lese gern, und ich mag schicke Klamotten. 30 Mark Taschengeld im Monat ist nicht genug. Ich bin eine gute Schülerin – zum Glück! Ich bekomme Geld für gute Noten, und ich gebe Nachhilfestunden in Englisch und Mathe. 8 Mark die Stunde! Ich kaufe viele Bücher, aber ich spare auch. Ich möchte im August einen Sprachurlaub in Frankreich machen."

Name: ....

4

Blumen sind ihr Hobby. Geld hat sie nicht sehr viel. „Ich bekomme keinen Pfennig Taschengeld von meinen Eltern. Aber das ist o.k. Ich helfe nach der Schule und am Samstag im Geschäft. Im März werde ich 16. Meine Eltern schenken mir eine Vespa. Nicht schlecht, oder!?!"

Name: ....

5

Diese zwei Schüler aus Köln haben Humor. Haben sie auch Geld? „Ollie hat's gut! Er bekommt 100 Mark Taschengeld im Monat. Ich bekomm' nur 20! Eine Schallplatte, und das Geld ist weg. Ich mähe den Rasen und geh' für meine Mutter einkaufen. So verdiene ich etwas Geld."

Name: ....

6

„Zuviel Geld? Ha! Ich bekomme nur 40 Mark Taschengeld im Monat, und mein Hobby ist sehr teuer. Ich fahre BMX-Rennen. Ein BMX-Rad kostet 1 300 Mark ... ich hab' nie genug Geld.

Ich hab' auch keinen Freizeitjob. Keine Zeit! Manchmal repariere ich Fahrräder für meine Freunde. Aber dafür bekomme ich kein Geld."

Name: ....

Kirstin (15 Jahre alt) im Blumengeschäft ihrer Eltern

Meike (14 Jahre alt) aus München

Thomas (rechts, 16 Jahre alt) spielt sehr gern Fußball

Ollie (links, 14 Jahre alt) und Jörg (15 Jahre alt) posieren für den Fotografen

Katrin (14 Jahre alt) aus München liebt Bücher

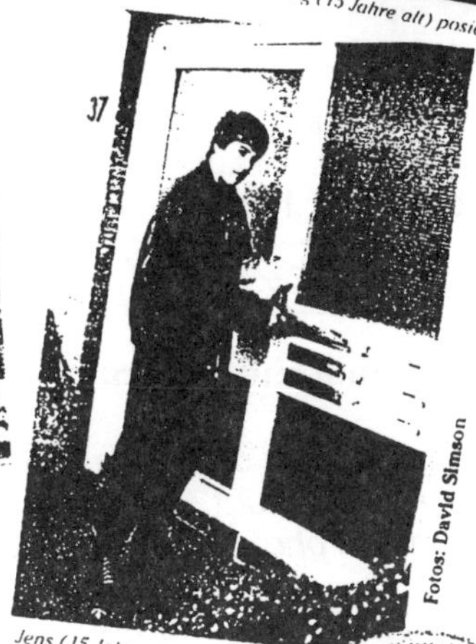

Jens (15 Jahre alt) aus Hannover

Fotos: David Simson

GRILLE DE PREPARATION A LA LECTURE AUTONOME

Titre : *Geld*
Source : *das Rad Nummer 3 - 1990-1991*

Auteur :
Niveau : *3ème LV1*

---

1 - Caractérisation du texte

- langue
- **facile** [X]
- **difficile** [ ]

- charge lexicale
- **forte** [ ]
- **faible** [X]

- nature
- **informatif** [X]
- **oeuvre de fiction** [ ]
- **autre** [ ]

- longueur : nécessite un découpage
- **oui** [ ]
- **non** [X]

- contenu
- **sans implicite** [X]
- **avec implicite** [ ]

2 - En déduire

a - le type de lecture auquel vous voulez entraîner vos élèves

sélective [X] **globale** [ ] **détaillée** [ ]

b - une démarche en fonction du type de lecture privilégié

Sélection différente selon les groupes.
Tous les élèves liront toute la page, mais chaque groupe devra découvrir quelle interview correspond à la photo qu'il aura reçue.

3 - Activité éventuellement prévue pour inciter les élèves à la lecture

A - brève séquence introductive

- support choisi
- **diapo** [ ]
- **photo** [ ]
- **caricature** [ ]
- **statistique** [ ]
- **associogramme** [ ]

ou
B - Etude en classe d'un passage du texte choisi pour donner envie aux élèves de découvrir le texte en entier

ou
C - Autres techniques de sensibilisation

- pour des textes informatifs, QCM préalable portant sur le type d'information que les élèves pourront trouver dans le texte (moyen de créer une attente) ☐

- travail sur titres de journaux pour formuler des hypothèses sur le contenu d'articles ☐

- autre ☐
Bande dessinée "Ferienpläne"
(Hallo, Freunde ! 3. Teil p 144)

4 - Informations ou faits importants pour le type de lecture choisi

Name	Alter	Job	Taschengeld	Verdienst	Wünsche
Kirstin	15	arbeitet in einem Blumengeschäft	keins	keins	Vespa
Meike	14	repariert Fahrräder	40 DM im Monat	keins	BMX-Rad
Thomas	16	trainiert die Knabenmannschaft	?	25 DM im Monat	Hifi-Anlage
Olli	14		100 DM		
Jörg	15	mäht den Rasen und geht einkaufen	20 DM im Monat	etwas Geld	?
Jens	15	trägt Zeitungen aus	50 DM	20 DM die Woche	Computer
Katrin	14	gibt Nachhilfestunden	30 DM im Monat	8 DM die Stunde	Sprachurlaub

5 - A - Repérage des difficultés

- identification des personnages ☒

- chronologie ☐

- repérage des mots-clés du texte ☒

- entraves lexicales ☐

- repérage des éléments révélateurs d'implicite ☐

B - repérage des éléments facilitateurs

- présentation de la page [x] *interviews bien séparées*
- mots transparents [x] *Job, Hobby, repariert, trainiert, Vespa, Hifi*
- mots de liaison [ ]
- indices grammaticaux [ ]
- noms propres [x] *sous les photos*
- nombres [x] *DM*

Explicitation de la difficulté :

6 - Aides adaptées aux difficultés repérées

A - Eléments soulignés [ ] { **mots de liaison** [ ] / **éléments-clés** [ ] }

QCM à deux distracteurs [ ]

Grille aidant à situer les actions dans le temps [ ]

Grille aidant à repérer qui fait quoi [ ]

Grille aidant à découvrir le sens d'un mot inconnu à partir de son contexte [x]

Grille aidant à la compréhension approfondie d'un texte [ ]

Autre [x] *photos*

B - Aides lexicales indispensables

néant

Grille aidant à découvrir le sens d'un mot inconnu à partir de son contexte

Les éléments inscrits dans les colonnes 1, 2, 3, 4, 5, 6 doivent vous aider à comprendre, puis traduire l'élément figurant dans la case gauche de la ligne correspondante.
Exemple : 6 : Freizeit, Job ; 1 : steckt Zeitungen in einen Briefkasten ;
On peut en déduire que : Zeitungen austragen signifie : distribuer des journaux.

§	*Eléments à traduire*	*1 équivalence*	*2 contraste*	*3 cause*	*4 conséquence*	*5 but*	*6 explication*
1	*Zeitungen austragen*	*steckt Zeitungen in einen Briefkasten*					*Freizeit Job*
	ätzend		*aber ichbrauche das Geld*		*ich bin oft müde*		
	Ich brauche das Geld					*möchte einen Computer*	
2	*Ich trainiere die Knabenmannschaft*	*Fußballverein*			*Spaß*	*Geld*	
	Sparschwein					*Hifi-Anlage*	*sparen*
3	*Nachhilfestunden*			*mag schicke Klamotten*	*spare Geld*	*kaufe Bücher schicke Klamotten*	*English Mathe*
	Ich spare		*Ich kaufe viele Bücher, aber*			*Sprachurlaub*	

7 - Découpage éventuel du texte
Pour chaque unité de sens indiquer :
le contenu global et le point précis de la coupure choisi en vue de créer une attente.

néant

8 - Polycopié à distribuer aux élèves avant la lecture autonome

A - Aides préalables

- éléments soulignés :

cf. page 112

ou (et)
- grille(s) :

ou (et)
- aides lexicales :

cf. page 117 (grille aidant à découvrir le sens d'un mot inconnu à partir de son contexte)

B - Consignes de lecture pour toute la classe ou pour chacun des groupes

On donne le texte entier à tous les élèves. On répartit les élèves en six groupes (autant de groupes qu'il y a de personnages ; un seul groupe pour Olli et Jörg). On distribue une photo différente à chaque groupe. Les élèves devront lire le texte en entier pour découvrir quel est le paragraphe qui correspond au personnage dont ils ont la photo. Les groupes 1-2-3 traduiront les éléments soulignés en s'aidant de la grille page 117 ; les groupes 4-5-6 souligneront les éléments qui ont permis l'identification.

9 - Activités auxquelles la lecture préparée pourra donner lieu en classe

A - Extraction des mots-clés, puis reformulation du texte à partir de ceux-ci

verdienen, bekommen, gibt's
arbeitet, Zeitungen austragen, helfen, trainiert, repariert, mäht

ou
B - Comptes rendus oraux de lecture
Passage dont doit rendre compte
le groupe 1 : depuis ... jusqu'à ...
le groupe 2 : depuis ... jusqu'à ...
le groupe 3 : depuis ... jusqu'à ...

On projette sur transparent la grille 4 page 115, en ne laissant apparaître que les prénoms. Les élèves s'enquerront auprès de leurs camarades des informations qui leur manquent.

ou
C - Commentaire d'un passage-clé

depuis ...
jusqu'à ...

autre

10 - Test(s) de compréhension de l'écrit adapté au(x) type(s) de difficultés repérées et au type de lecture retenu

en français

- [ ] **QCM à quatre distracteurs**
- [ ] **juste ou faux**

dans la langue cible

- [ ] **QCM**
- [ ] **juste ou faux**
- [ ] **association de deux éléments**
- [x] **remise en ordre d'un texte**
- [ ] **autres**

Test élaboré : *Wer macht was ?*

Indiquez en face de chaque activité le prénom du jeune concerné (Kirstin, Thomas, Katrin, Meike, Jens oder Jörg).

1 - gibt Nachhilfestunden

2 - trägt Zeitungen aus

3 - trainiert eine Knabenmannschaft

4 - arbeitet in einem Geschäft

5 - mäht den Rasen
geht einkaufen

6 - fährt BMX-Rad
repariert Fahrräder

SIE HABEN GEWONNEN !

Sohn : Nein, doch, nun hör doch mal zu ! Die Oma von Charly, die ist doch herzkrank, nich ? Und die kriegt eben neulich so'ne Werbung und macht sie auf... und da bleibt ihr fast die Luft weg ! Ehrlich ! Die hat gedacht, sie wird nicht mehr !

Vater *unangenehm berührt :* Wenn sich eine derart... unpassende Werbung zu ihr verirrt hat, dann hätte sie sie eben sofort wegwerfen sollen !

S. : So schnell kann sie das doch gar nicht wegschmeißen. Ein Blick, und da kann ein alter Mensch schon tot umfallen, sagt Charlys Vater.

V. : Nun mal langsam : So ganz von gestern sind die alten Leute ja auch nicht.

S. : Du weißt ja noch gar nicht, was in dem Prospekt gestanden hat !

V. : Ich will es auch gar nicht wissen, und nun gib Ruhe !

S. : Na hör mal ! Wenn ich dir was erzählen will ? Und das war wirklich un-ver-schämt !

V. : Mein Gott, kannst du nicht einmal den Mund halten, wenn ich dich darum bitte ?

S. : Paß auf, da stand ganz dick geschrieben : "Sehr geehrte Frau Katharina Meyer" -so heißt die Oma nämlich und das war genau wie ein richtiger Brief, "wir können Ihnen die tolle Mitteilung machen..." -oder so ähnlich, "...daß Sie 25 000 Mark gewonnen haben."

V. *verblüfft und erleichtert* : Ach...

S. : Ja, genauso stand das da. Und der Oma ist ganz schlecht geworden vor Aufregung und sie hat geschrien, daß der Opa schnell kommen soll, und der hat die Oma gleich aufs Sofa gelegt, weil sie sonst umgekippt wäre !

V. : Na so was...

S. : Und was glaubst du, was mit den 25 000 war ?

V. : Nichts natürlich.

S. : Genau ! Der Opa hat sich den Brief dann richtig angeguckt, und da stand ganz, ganz klein so was drüber wie : "Wenn Sie das da unten ausfüllen und an uns zurückschicken, dann könnte es sein, daß Ihnen der Briefträger schon bald diese Nachricht bringt : "Frau Meyer, Sie haben 25 000 Mark gewonnen !" Ist das nich'n Hammer ?!

V. : Ja, ich kenn das, ich hab auch schon mal so etwas bekommen.

S. : Hast du auch gedacht, du hast wirklich gewonnen ?

V. : Nein, hab ich nicht. Ich pflege Kleingedrucktes immer gleich mitzulesen.

S. : Charlys Oma konnte das aber gar nicht lesen ohne Brille !

V. : Ja, ja, das glaub ich schon...

S. : Und als sie dann gemerkt hat, daß das alle nur Schwindel ist, da hat sie beinahe wieder einen Herzanfall gekriegt ! Vor Wut !

V. : Ja, doch ! Das ist natürlich schon ärgerlich.

Ursula Haucke, Papa, Charly hat gesagt,
Rowohlt Taschenbuch Verlag,
Reinbeck bei Hamburg, 1983

GRILLE DE PREPARATION A LA LECTURE AUTONOME

Titre : *Sie haben gewonnen !*
Source : *Papa, Charly hat gesagt*
Rowohlt Taschenbuch Verlag

Auteur : *Ursula Haucke*
Niveau : *terminale LV1 - LV2*

---

1 - Caractérisation du texte

- langue
facile ☒ **difficile** ☐

- charge lexicale
forte ☐ **faible** ☒

- nature
informatif ☐ **oeuvre de fiction** ☒
autre ☐

- longueur : nécessite un découpage
oui ☐ **non** ☒

- contenu
sans implicite ☐ **avec implicite** ☐
non dit ☒

2 - En déduire

a - le type de lecture auquel vous voulez entraîner vos élèves

sélective ☐ **globale** ☒ **détaillée** ☐

b - une démarche en fonction du type de lecture privilégié

3 - Activité éventuellement prévue pour inciter les élèves à la lecture

A - brève séquence introductive

- support choisi
diapo ☐
photo ☐
caricature ☐
statistique ☐
associogramme ☐
autre ☒

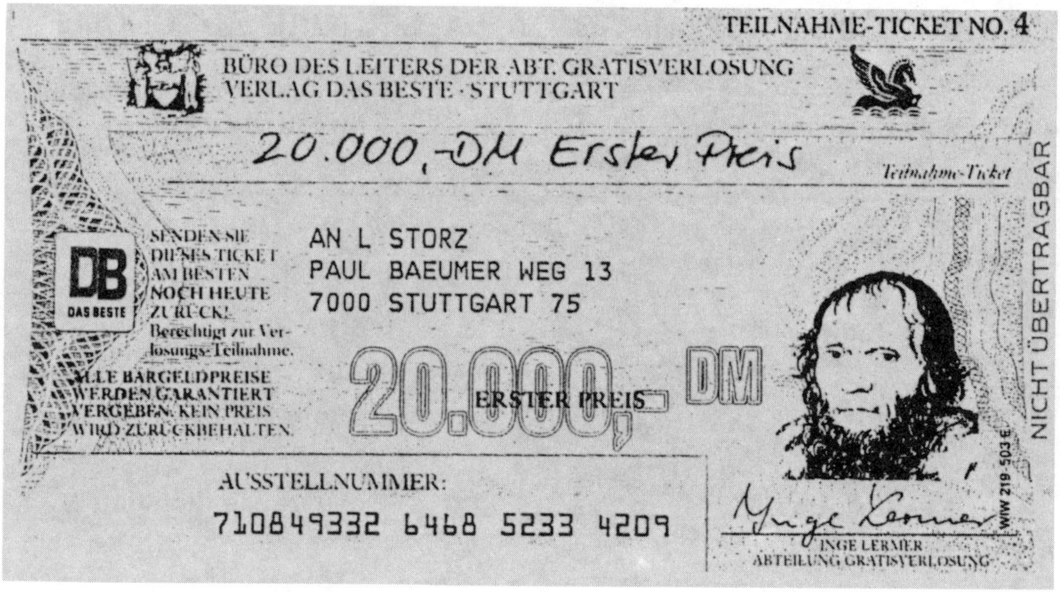

ou *(ici, le choix A exclut le choix B)*
B - Etude en classe d'un passage du texte choisi pour donner envie aux élèves de découvrir le texte en entier

Ici, ce seront les sept premières lignes.

Aide préalable : "unpassende Werbung" : publicité inconvenante
Ecoute ou lecture ou écoute avec le texte du passage.
Faits situationnels majeurs :
Die alte Dame ist herzkrank ; sie bekommt eine Werbung (einen Prospekt), sie hat gedacht, sie stirbt, sie fällt tot um.
*Après le compte rendu d'audition ou de lecture :**Travail de groupes en classe :** chaque groupe doit établir des hypothèses sur la nature de cette publicité.*
Confrontation des hypothèses.

ou
C - Autres techniques de sensibilisation

- pour des textes informatifs, QCM préalable portant sur le type d'information que les élèves pourront trouver dans le texte (moyen de créer une attente) ☐

- travail sur titres de journaux pour faire établir des hypothèses sur le contenu d'articles ☐

4 - Informations ou faits importants pour le type de lecture choisi

Lecture globale :
Charlys Oma bekommt eine Werbung. Sie glaubt, daß sie 25 000 DM gewonnen hat. Sie hat nämlich das Kleingedruckte nicht gelesen. Vor Aufregung wird ihr schlecht. In Wirklichkeit hat sie nichts gewonnen. Es war nur Schwindel.

Lecture détaillée :
Der Sohn erzählt seinem Vater, was Charlys Oma passiert ist. Sie hat einen Prospekt bekommen und ist beim Lesen fast tot umgefallen.
Der Vater meint, daß es sich um eine pornographische Werbung handelt und ist verlegen.
Der Sohn erklärt aber, daß die Aufregung der Großmutter daher kommt, daß sie geglaubt hat, sie hätte 25 000 DM gewonnen.
Im Gegensatz zu seinem Sohn, der empört ist, fühlt sich der Vater erleichtert.

5 - A - Repérage des difficultés

- **identification des personnages** ☐
- **chronologie** ☐
- **repérage des mots-clés du texte** ☐
- **entraves lexicales** ☒
- **repérage des éléments révélateurs d'implicite** ☐
- **identification du non-dit** ☒

B - repérage des éléments facilitateurs

- **présentation de la page** ☐
- **mots transparents** ☐
- **mots de liaison** ☐
- **indices grammaticaux** ☒ — *wir können ≠ es könnte sein*
- **noms propres** ☐
- **nombres** ☐

Explicitation de la difficulté :

La difficulté réside dans le fait que les élèves doivent comprendre
a - pourquoi la grand-mère croit qu'elle a gagné
b - pourquoi il est clair qu'elle n'a pas gagné

a' La nouvelle est toujours à l'indicatif :

ligne 15	*daß Sie 25 000 DM gewonnen haben*
ligne 26	*Frau Meyer, sie haben 25 000 DM gewonnen*

le verbe qui commande ces indicatifs est également à l'indicatif :

ligne 14	*Wir können Ihnen die tolle Mitteilung machen, daß*
ligne 25	*der Briefträger die Nachricht bringt*

b' deux seuls indicateurs du contraire :

ligne 24	*wenn*
ligne 25	*dann könnte es sein*

6 - Aides adaptées aux difficultés repérées

A - Eléments soulignés ☒ { **mots de liaison** ☐ / **éléments-clés** ☐ }

QCM à deux distracteurs ☐

Grille aidant à situer les actions dans le temps ☐

Grille aidant à repérer qui fait quoi ☐

Grille aidant à découvrir le sens d'un mot inconnu à partir de son contexte ☐

Grille aidant à la compréhension approfondie d'un texte ☐

Autre ☐

B - Aides lexicales indispensables

die Werbung - die unpassende Werbung
sie wird nicht mehr - der Prospekt - unverschämt - eine tolle Mitteilung
verblüfft - erleichtert - das Kleingedruckte - der Schwindel

Grille aidant à la compréhension approfondie d'un texte

*Les indications figurant dans les différentes cases doivent vous aider à compléter les cases vides et non hachurées **

Faits	Propos des personnages	Pensées, sentiments, caractère des personnages	Explication
Charlys Oma hat "so'ne Werbung gekriegt und ist vor Aufregung fast gestorben	*Vater : "eine unpassende Werbung"*	*Vater,* ***empfindet ein peinliches Gefühl***	***Er glaubt, daß es eine pornographische Werbung ist.***
	Sohn : "Das war wirklich unverschämt" Vater : "So ganz von gestern sind die alten Leute nicht"	*Sohn,* ***empört*** *Vater,* ***immer noch unangenehm berührt***	***denkt an den Schwindel*** ***bleibt bei seinem Mißverständnis***
	Vater : "Gib Ruhe ! Kannst ... den Mund halten ?"	*Vater,* ***verlegen***	***will nicht, daß sein Sohn von Pornographie spricht***
Auf der Werbung stand : "Wir können... mitteilen, ... 25000 DM gewonnen haben"	*Vater : "Ach..."*	*Vater,* ***verblüfft und erleichtert*** *Oma,* ***sehr aufgeregt***	***Ihm wird sein Irrtum klar*** ***glaubt, daß sie 25000 DM gewonnen hat***
ganz, ganz klein geschrieben : "Dann könnte es sein, ...25000 DM gewonnen haben"	*Vater : "Ich kenne das" Sohn : "Ist das nich'n Hammer ?"*	*Vater,* ***gleichgültig*** *Sohn,* ***empört*** *Oma,* ***wütend***	***lieber Schwindel als Pornographie*** ***Schwindel*** ***Schwindel***

** Nous avons porté à titre indicatif dans les cases vides -caractères gras- les hypothèses de réactions des élèves.*

7 - Découpage éventuel du texte
Pour chaque unité de sens indiquer :
le contenu global et le point précis de la coupure choisi en vue de créer une attente.

8 - Polycopié à distribuer aux élèves avant la lecture autonome

A - Aides préalables

- éléments soulignés :

cf. texte page 120

ou (et)
- grille(s) :

page 125

ou (et)
- aides lexicales :

verblüfft : sehr erstaunt ; erleichtert : soulagé ;
Kleingedrucktes : ce qui est écrit en petits caractères

B - Consignes de lecture pour toute la classe ou pour chacun des groupes

Toute la classe lira le texte en entier.
Un groupe devra analyser le comportement du père, un autre celui de la grand-mère et un troisième groupe celui du fils.

9 - Activités auxquelles la lecture préparée pourra donner lieu en classe

A - Extraction des mots-clés, puis reformulation du texte à partir de ceux-ci

ou
B - Comptes rendus oraux de lecture
Passage dont doit rendre compte

le groupe 1 : depuis ...	**jusqu'à ...**
le groupe 2 : depuis ...	**jusqu'à ...**
le groupe 3 : depuis ...	**jusqu'à ...**

ou
C - Commentaire d'un passage-clé

depuis ...
jusqu'à ...

Analyse comparée des comportements

10 - Test(s) de compréhension de l'écrit adapté au(x) type(s) de difficultés repérées et au type de lecture retenu

En français :

- **QCM à quatre distracteurs** ☐
- **juste ou faux** ☐

Dans la langue cible :

- **QCM** ☒
- **juste ou faux** ☐
- **association de deux éléments** ☐
- **remise en ordre d'un texte** ☐
- **autres** ☐

Test élaboré :

Entourez la lettre qui correspond à la réponse juste

1 - Wer erzählt diese Geschichte ?
a - Charlys Opa
b - der Vater
c - Charlys Oma
d - der Sohn

2 - Wem ist diese Geschichte passiert ?
a - Charlys Oma
b - dem Vater
c - dem Sohn
d - Charlys Opa

3 - Was ist geschehen ?
a - Der Vater hat eine Werbung bekommen.
b - Die Oma hat einen anonymen Brief bekommen.
c - Der Sohn hat einen blauen Brief bekommen.
d - Die Oma hat eine Werbung bekommen.

4 - Was für eine Werbung ist das ?
a - eine Werbung für Autos
b - eine pornographische Werbung
c - die Mitteilung eines Gewinns von 25 000 DM
d - eine Werbung für das Lotto

5 - Wie reagiert die Oma zuerst ?
a - Sie versteht nicht, worum es geht.
b - Sie bekommt vor Freude fast einen Herzanfall.
c - Sie weint.
d - Sie sucht ihre Brille.

6 - Wie reagiert die Oma, nachdem sie den Brief richtig gelesen hat ?
a - Sie ist wütend, weil dieser Brief die Leute betrügt.
b - Sie freut sich über eine solche angenehme Überraschung.
c - Sie ist schockiert.
d - Sie will den Brief wegschmeißen.

7 - Wie reagiert der Vater zuerst ?
a - Er freut sich für die Oma.
b - Das Ganze ist ihm gleichgültig.
c - Er liest seine Zeitung weiter.
d - Er regt sich auf.

8 - Warum ?
a - Er glaubt, daß es eine pornographische Werbung ist.
b - Er interessiert sich nicht für Werbungen.
c - Er hat nicht zugehört.
d - Sein Sohn stört ihn.

9 - Wie reagiert er, nachdem er verstanden hat, worum es geht ?
a - Er ist genauso wütend wie Charlys Oma.
b - Er findet das nicht mehr so schlimm.
c - Er sagt seinem Sohn, daß er den Mund halten soll.
d - Er will nicht davon sprechen.

10 - Welcher Aspekt der Werbung stört den Vater am meisten ?
a - der Schwindel
b - die Pornographie
c - die Häßlichkeit
d - die Dummheit.

DEUXIEME PARTIE

PREPARATION DES DIFFERENTS TYPES DE LEÇONS

INTRODUCTION A LA DEUXIEME PARTIE

Dans les quatre premiers chapitres, nous vous avons proposé des outils de préparation conçus à partir de quatre types de supports. Les exemples d'exploitation des grilles montrent comment se construit le langage. Les nombreux exercices oraux et écrits ont voulu montrer que même les activités plus spécifiquement linguistiques doivent éviter tout formalisme et être en prise directe sur une situation qui seule justifie le choix linguistique de l'élève. Enfin, la conception des traces écrites et l'importance accordée au libellé des tâches à faire à la maison illustrent la nécessaire alternance entre l'oral et l'écrit, entre le travail en classe et le travail à la maison.

Dans les quatre derniers chapitres, nous vous proposons des outils de préparation conçus à partir de trois types de leçons visant chacun à permettre à l'ensemble d'un groupe-classe de parcourir une étape en direction de l'objectif intermédiaire énoncé au préalable :

- **la leçon de progression** cf. première partie de l'ouvrage,
- **la leçon d'exploitation** qui doit fournir à la classe l'occasion de réinvestir les acquis à partir d'un support nouveau, le plus souvent un document iconographique,
- **la leçon de remédiation** qui doit permettre à ceux qui n'ont pu franchir une étape d'y parvenir grâce à des activités bien ciblées et préparées par l'apprentissage à la maison de quelques prérequis,
- **le corrigé de devoir** qui montre aux élèves comment ils peuvent faire preuve d'autonomie dans l'utilisation spontanée des acquis en expression écrite directe.

La fiche de préparation d'une séquence d'apprentissage montre que la complexité de l'apprentissage du langage implique beaucoup de souplesse dans l'approche par les objectifs.

La page de droite illustre, à titre indicatif, la construction d'une séquence d'apprentissage, à savoir que :

a - Les objectifs (terminal et intermédiaires) sont communiqués aux élèves au début de la séquence tout comme les modalités d'évaluation (critères, durée, activités demandées) et la nature du devoir projeté : c'est une condition essentielle pour que l'élève se sente impliqué dans son apprentissage.
b - Tout est mis en oeuvre pour assurer la réussite du plus grand nombre : diversité des supports, mais convergence des moyens.
c - Les évaluations formatives sont **brèves** (quelques minutes) et **immédiates** (portant sur une petite unité de matière). *
d - Les parcours sont différenciés : les élèves qui sont informés par l'évaluation formative qu'ils n'ont pas franchi telle étape ont le moyen d'y parvenir grâce à la remédiation.

La page de gauche, concernant les étapes de la préparation, montre que le professeur ne peut pas -sous peine d'artifice- énoncer ses objectifs dès le moment où il construit sa séquence. S'il veut en effet déduire l'enrichissement linguistique de la contrainte du sens imposée par les supports, le professeur ne va voir apparaître la cohérence du tout qu'après avoir étudié les supports, recensé les besoins langagiers et construit les exercices linguistiques. C'est à ce prix qu'il évitera de se fixer uniquement des objectifs linguistiques au détriment des objectifs de contenu et de savoir-faire.

Il n'est évidemment pas question d'envisager une multitude d'objectifs : il faut donc faire des choix, c'est-à-dire hiérarchiser les faits de langue et établir des priorités en fonction d'une part des savoir-faire du groupe, d'autre part du critère de productivité.

CHAPITRE VI

COMMENT CONSTRUIRE UNE SEQUENCE D'APPRENTISSAGE

DEFINITION D'UNE SEQUENCE D'APPRENTISSAGE

Une séquence d'apprentissage -qui n'est ni une séance, ni la partie d'une séance- est l'unité construite autour d'un projet pédagogique incluant les objectifs, les moyens à mettre en oeuvre pour les atteindre en un temps x ainsi que les formes et les outils d'évaluation.

INDICATIONS BIBLIOGRAPHIQUES

I - L'approche par les objectifs

- Les objectifs pédagogiques
D. Hameline
ESF, Paris 1979

- Les dossiers du CEPEC 34
L'allemand au collège - Contribution à une pédagogie de la réussite
Anne-Marie Mathey
(Centre d'Etudes Pédagogiques pour l'Expérimentation et le Conseil,
14 Voie Romaine 69290 Craponne 78 44 61 61)

- L'évaluation
Dernier chapitre de la brochure "De l'apprentissage de l'autonomie à l'autonomie de l'apprentissage"
J.Georges Kuhn
Conseil de l'Europe

II - L'approche communicative

- Übungstypologie zum kommunikativen Unterricht
Neuner, Krueger, Grever
Langenscheidt

- Kontaktschwelle Deutsch als Fremdsprache
Baldegger, Müller, Schneider
Conseil de L'Europe Straßburg 80

- Cartes en mains
Maurice Girault et Ute Steinke
Editions du Collège

III - Profils et apprentissage

- "Les profils pédagogiques"
Antoine de la Garanderie
Collection : Paidoguides Le Centurion

- "Apprentissage et formation"
Jean Berbaum
P.U.F. Collection "Que sais-je ?"

FICHE DE PREPARATION
D'UNE SEQUENCE D'APPRENTISSAGE

INVENTAIRE CHRONOLOGIQUE DES ETAPES
DE LA PREPARATION

1 - Choisir un document de base qui permette de poursuivre un objectif de contenu et les objectifs linguistiques afférents s'inscrivant dans un processus d'ensemble.

2 - Choisir des documents complémentaires (iconographiques, textes, documents informatifs, etc.) qui permettent :
a - de sensibiliser de façon active les élèves à la problématique,
b - de réactiver les moyens linguistiques impliqués par celle-ci,
c - d'enrichir le langage du groupe et le lexique actif spécifique de la problématique de l'unité.

3 - rechercher ou élaborer des exercices (de transposition, de reformulation ou d'expression semi-guidée) permettant d'amorcer ou de faire progresser le transfert des faits de langue impliqués par la problématique.

4 - Enoncer l'objectif terminal et les objectifs intermédiaires en termes de comportement observable : ce que l'élève FERA -en fin de séquence- pour prouver qu'il a atteint l'objectif de contenu et les objectifs linguistiques.

5 - Elaborer des tests destinés à évaluer les savoir-faire des élèves à différents moments de la séquence.

6 - Choisir un document ouvert pour une leçon d'exploitation.

7 - Elaborer un sujet de devoir à faire à la maison, conçu de telle manière que les élèves soient naturellement obligés par la contrainte du sens d'utiliser les moyens linguistiques travaillés.

EN COURS DE SEQUENCE...

8 - Elaborer des activités de remédiation après chaque test.

9 - Elaborer le corrigé de devoir.

INVENTAIRE CHRONOLOGIQUE DES ETAPES DE LA SEQUENCE EN CLASSE

1 - Enoncé de l'objectif terminal et des objectifs intermédiaires (y compris des modalités d'évaluation et du devoir).

2 - Eventuellement, sensibilisation à la thématique de l'unité à partir d'un support attrayant.

3 - Etude du document de base. (*)

4 - Leçon d'exploitation.

5 - Evaluation formative très brève.

6 - Remédiation.

7 - Remise par les élèves du devoir.

8 - Nouvelle exploitation à partir d'un document complémentaire.

9 - Corrigé du devoir.

10 - Evaluation formative très brève.

11 - Remédiation.

12 - Evaluation sommative plus conséquente.

* I.M. 6142 page 36

CHAPITRE VII

COMMENT PREPARER
UNE LEÇON D'EXPLOITATION

FICHE DE PREPARATION D'UNE LEÇON D'EXPLOITATION

1 - Rappeler les principaux thèmes du document de base.

2 - Rappeler les notions, fonctions et moyens linguistiques mis en oeuvre.

3 - Choisir un document qui permette à la fois de réinvestir les acquis linguistiques et de nuancer, compléter ou contrebalancer les idées exprimées à partir du document de base.

4 - Préparer l'étude du document à l'aide de la grille adaptée.

5 - Faire le bilan des moyens linguistiques liés aux fonctions mises en oeuvre pendant la séquence et prévoir les étapes de la conceptualisation.

6 - Rédiger avec précision les consignes de travail à faire à la maison.

TANZ IN BERLIN-KREUZBERG

FRANKFURTER RUNDSCHAU 26.02.1983

GRILLE DE PREPARATION D'UNE

LEÇON D'EXPLOITATION

Titre et auteur du texte de base : *Das Glaskugelspiel*
I.Wendt
Niveau : *2de*
Titre du document : *Tanz in Berlin-Kreuzberg*

I - Principaux thèmes du document de base

Armut - Reichtum
Besitz - Mangel
Integration - Ausschluß
Hoffnung - Verzweiflung
anders sein

II - Notions, fonctions et moyens linguistiques mis en oeuvre

verbieten - erlauben
dürfen - können
integriert werden - ausgeschlossen werden

III - Document choisi pour la leçon d'exploitation

Type : *photo*
Titre :
Auteur :
Raison du choix :

- [ ] **présente le même thème, dans une perspective différente**
- [ ] **illustre un autre aspect du même thème**
- [x] **constitue un contrepoint au thème déjà abordé**
- [ ] **présente un thème différent faisant mettre en oeuvre les mêmes moyens linguistiques**
- [x] **implique la mise en oeuvre de notions-fonctions antinomiques**
- [ ]

IV - préparation de l'étude du document à partir de la grille adéquate

cf. pages suivantes,
grille "document iconographique"

GRILLE DE PREPARATION (suite) POUR DES COURS CONSACRES A L'ETUDE D'UN DOCUMENT ICONOGRAPHIQUE

Leçon d'exploitation

Titre : *Tanz in Berlin-Kreuzberg* **Auteur :**
Tiré de : *Frankfurter Rundschau*
Niveau envisagé : *2de LV1*

---

1 - Type de document :

photo prise sur le vif à Berlin-Kreuzberg

2 - Eventuellement, travail préparatoire à réaliser ou (et) ensemble dans lequel s'insère l'étude de ce document :

document pouvant servir de support à une leçon d'exploitation après l'étude du texte "Das Glaskugelspiel"

3 - Intérêt du document pour des jeunes de l'âge concerné

L'insolite de la photo peut éclairer d'un jour nouveau un thème fréquemment traité.

4 - Document : ouvert [X] **semi-ouvert** [ ] **fermé** [ ]

5 - Grandes lignes de la description du document
Ceci doit être un point de départ pour le professeur et non un point d'aboutissement auquel il faudrait "amener" les élèves.

Im Hintergrund : die alten Häuser eines armen Viertels in Berlin, wo viele Türken wohnen.
Im Vordergrund : zwei Mädchen, eine Türkin und eine Deutsche, die einzige auf dem Bild.
Was machen sie ?

6 - Mots ou expressions indispensables à la description du document à élucider avant la découverte silencieuse de celui-ci.

7 - Grandes lignes de l'interprétation du document à titre indicatif pour le professeur.

Zwei Mädchen, die zwei verschiedenen Welten angehören, tanzen zusammen.
Obwohl die Umgebung trostlos ist, wirken diese beiden Mädchen harmonisch und friedlich.
Diese zwei Welten finden zueinander. Ein Licht, eine Hoffnung in einer trüben Welt.

8 - Informations éventuellement nécessaires à la compréhension profonde à communiquer avant l'interprétation

Dieses Photo wurde in Berlin-Kreuzberg gemacht. Dort wohnen viele Türken, die als Gastarbeiter nach Deutschland gekommen sind.

9 - Mode d'exploitation retenu

a - global ☐ **tronqué** ☒

si tronqué, de quelle partie ?

de la partie droite

b - collectif ☐ **par groupes** ☒

travail collectif sur les deux parties de l'image réunies

10 - Dans le cas d'un travail par groupes, prévoir la tâche assignée à chacun des groupes et la forme que prendra la mise en commun

description de la partie gauche de l'image et formulation d'hypothèses

11 - Hypothèses d'organisation des notes à écrire au tableau

A - Avant la découverte silencieuse du document

B - Pendant la description globale du document

par groupes		*collectif*
das Mädchen, das man von vorn sieht	*der Hintergrund*	*das Mädchen, das man von hinten sieht*
trägt ein langes, dunkles Kleid *man sieht ihren Körper nicht*	*dunkle, alte Häuser* *ein armes, trauriges Viertel*	*helle, sportliche Kleidung* *nackte Arme und Beine*
hat ein dunkles Kopftuch *man sieht ihre Haare nicht*	*nur Ausländer* *keine Deutschen*	*kurzes, blondes Haar*
eine Türkin *tanzt und lächelt*		*eine Deutsche* *tanzt und lächelt auch ?*

C - Avant l'interprétation du document
(aides préalables éventuellement indispensables à la compréhension profonde)

D - Pendant le commentaire et l'interprétation du document

die Türkin	*der Hintergrund*	*die Deutsche*
paßt zu der Umgebung → *(noch) nicht in die deutsche Gesellschaft integriert*	*Armut* *Dunkelheit* *Traurigkeit* } ←	*steht im Kontrast zu (D)* *fühlt sich wohl in...*
gehört einer anderen Welt (D) an ; *ist anders gekleidet als...;* *hat andere Sitten als...;*	←———	*interessiert sich für (A)*
möchte *... an (D) teilnehmen* *... nicht ausgeschlossen werden*	←———→ ←———→	*zeigt ihr einen Tanz* *lädt sie ein...* *integriert sie in (A)*
sieht glücklich aus	*der Vordergrund* *ein Bild der Harmonie*	

V - Bilan des moyens linguistiques liés aux fonctions mises en oeuvre pendant la séquence

- fonctions et notions

SA : erlauben
SA : vergleichen

- moyens linguistiques

integriert sein ≠ ausgeschlossen sein
dürfen
erlaubt sein ≠ verboten sein
so ... wie, anders als

VI - Libellé précis des tâches à faire à la maison

Etre capable de décrire et interpréter le document à l'aide des tableaux 11 B et 11 D

CHAPITRE VIII

COMMENT PREPARER UN CORRIGE DE DEVOIR

REMARQUES

Nous avons insisté dans le chapitre V sur le fait que le devoir est une des étapes de la séquence d'apprentissage. Il doit être conçu de telle façon que les possibilités d'erreurs soient limitées, c'est-à-dire, comme cela apparaît nettement sur la page de droite de la fiche de préparation d'une séquence d'apprentissage, qu'il vient après toute une série d'actes pédagogiques ayant permis à l'élève de s'approprier les moyens linguistiques impliqués par les différents supports.

Cela ne signifie nullement que le devoir doive être une réplique de ce qui a été fait en classe. Il s'agit de vérifier que le transfert a eu lieu.

Il s'agit au contraire de proposer un support ou une activité tout à fait nouveaux dont le contenu implique la mise en oeuvre naturelle des moyens linguistiques et des savoir-faire acquis. On peut d'ailleurs, dans cette perspective, proposer des sujets de devoirs différenciés, par exemple à partir de supports différents, si l'on se place dans une perspective évaluation-progrès.

Le devoir s'inscrit dans un processus de construction du savoir auquel l'élève est étroitement associé. Il convient donc que la correction du devoir permette à l'élève de mesurer le chemin parcouru et l'aide à parcourir le chemin qui le sépare du but.

Quelques conseils simples y contribueront :

a - Faire une double évaluation : positive d'une couleur, négative d'une autre couleur.

b - Utiliser un code clair, si possible commun à une équipe.

c - Aider l'élève par quelques indications à rechercher dans ses instruments de travail les moyens de remédier à son erreur.

d - Porter en tête de copie une appréciation générale permettant à l'élève de mesurer le chemin parcouru et le chemin à parcourir.

e - Enoncer les critères d'évaluation afin d'y renvoyer les élèves lors de la correction.

FICHE DE PREPARATION D'UN

CORRIGE DE DEVOIR

Rappeler pour mémoire :

a - les objectifs de contenu de la séquence d'apprentissage en cours,

b - les objectifs linguistiques (= savoirs et savoir-faire) et culturels de cette séquence,

c - le libellé précis du devoir (tâche & modalités).

---

1 - Recenser les erreurs de sens les plus fréquentes.

2 - Recenser des erreurs de méthodologie et d'argumentation.

3 - Recenser quelques erreurs de langue les plus fréquentes.

4 - Recenser quelques formulations d'idées heureuses rencontrées dans les copies.

5 - Préparer l'entretien dans la langue cible sur le support proposé.

6 - Préparer la remédiation à une erreur fréquente portant sur les objectifs énoncés.

7 - Préparer l'élaboration d'un corrigé partiel, portant soit sur l'organisation d'un développement (plan), soit sur les articulations du discours (paragraphe ou ensemble).

8 - Rédiger avec précision les consignes de travail à faire à la maison.

9 - Rendre les devoirs corrigés.

Theodor[illegible]d

Le meilleur devoir

3ème LVI

18 Devoir bien construit, rédigé dans un très bon allemand - Commence une fiche pour manche & mehrere

3 arguments = 3 paragraphes

Ich denke, daß die Jugendlichen etwas Geld haben sollen und es ist wahr, daß mehrere Eltern ihren Kindern nicht genug geben. Zum Beispiel dieser Junge, der nur zwanzig Mark Taschengeld im Monat bekommt. Das ist wenig, er kann sich nichts Interessantes kaufen. Aber ich denke, daß es eine richtige Mitte geben soll. Es gibt nämlich mehrere Eltern, die ihre Kinder verwöhnen, indem sie ihnen zuviel Geld geben. So kann der Wert des Geldes nicht gelernt werden. Einige wären glücklich und würden sich freuen, wenn sie hundert Mark Taschengeld im Monat bekämen, aber ich denke, daß es kein Vorteil ist. Also sollen die Eltern uns Geld geben, aber nicht zu wenig und nicht zuviel. Die Eltern haben auch nicht recht, wenn sie sagen, daß wir nichts Nützliches leisten. Wir brauchen nicht immer uns etwas Nützliches zu leisten, wir können auch manchmal kaufen, das uns Spaß macht. Wir müssen nicht immer uns das leisten, was unsere Eltern uns raten. Das können einige Eltern gar nicht verstehen. Manchmal

S S C S L S l S C L L C L

auch manche

s etwas/was

l L wollen, sie daß ~~sie~~ ~~wir~~ von ihren abhängig
s-t L waren. Darum geben sie den Jugendlichen
S kein Geld, weil sie fürchten, daß es
zum Fenster hinausgeworfen wird.

S = richesse de structure ≠	s
L = richesse de lexique ≠	l
C = richesse de contenu ≠	c

Lav... ...riat — Le moins bon devoir

3 ème LV1

Trop court
Un effort de correction.
Pour ob ≠ wenn :
1 fiche navette n° 5
Pour weil ≠ denn, " n° 5

Déduction :
denn + V2 — c
s
S Sie haben recht, weil wir arbeiten
müssen, um Geld zu verdienen.
Wir sollen sparen. Wir sollen das Geld
directif s in einem Sparschwein werfen.
·s → S Ob wir Geld wollen, sollen wir einen
Freizeitjob finden.
C Wir sollen das wirkliche Leben sehen, wir
sollen nicht in einem Traum leben,
S indem wir denken, daß das Leben
S nicht schwer ist.

GRILLE DE PREPARATION POUR UN COURS CONSACRE A UN CORRIGE DE DEVOIR

Niveau : *3ème LV1*
Nature du sujet : *Rédaction*

Rappel pour mémoire :

a - Objectifs de contenu de la séquence d'apprentissage en cours

le rapport de la jeunesse à l'argent
documents étudiés : Ferienpläne (Bande dessinée Hallo Freunde ! 3. Teil page 144)
Geld (lecture autonome das Rad)

b - Objectif(s) linguistique(s) de la séquence d'apprentissage en cours

- lexique

- connu : Geld verdienen, sparen, ausgeben, zum Fenster hinauswerfen, schenken, geschenkt bekommen, sich etwas leisten
- nouveau : Geld verschwenden, Kinder verwöhnen

- grammaire

- le groupe nominal déterminé par : viele, manche, einige, mehrere
- réactivation de : indem

- savoir-faire

c - Objectifs culturels

d - Libellé précis du devoir

- tâche(s)

Meinst du, daß die Eltern vieler Jugendlicher recht haben, wenn sie ihren Kindern nicht zuviel Taschengeld geben wollen ?
Rechtfertige deine Meinung !

- modalités : (contraintes linguistiques, longueur, etc.)

- Veiller à la cohérence de l'argumentation : plan et enchaînement logique des idées (emploi de mots de liaison, de conjonctions assurant l'enchaînement logique des idées).
- Utiliser, quand le sens l'exige, les faits de langue cités en b.

1 - Les erreurs de sens les plus fréquentes

aucune

2 - Quelques erreurs de méthodologie et d'argumentation

- présentation des idées : - manque de rigueur dans l'enchaînement logique des idées
- retours à la ligne lorsqu'on aborde des idées nouvelles
- pas d'erreurs d'argumentation

3 - Quelques erreurs de langue les plus souvent rencontrées

- confusion mehr/mehrere
- viele, mehrere, manche, einige : sens à repréciser
- déclinaison du groupe nominal du type : viele Jugendliche (faute : viele Jugendlichen).

4 - Quelques formulations d'idées heureuses trouvées dans des copies

- Viele Eltern verwöhnen ihre Kinder, indem sie ihnen zuviel Taschengeld geben. Dann verstehen die Kinder nicht, wie schwer es ist, Geld zu verdienen.
- Andere Eltern fürchten, daß ihre Kinder sich daran gewöhnen, das Geld zu verschwenden.
- Damit sie das Geld nicht zum Fenster hinauswerfen, sollen sie arbeiten, um den Wert des Geldes kennenzulernen.
- Sie müssen das Geld sparen lernen, um es später nicht zum Fenster hinauszuwerfen.
- Wenn die Jugendlichen Geld verdienen, lernen sie, daß ihre Wünsche nicht immer in Erfüllung gehen können.

5 - Préparation de l'entretien dans la langue cible sur le support proposé Se reporter aux outils déjà élaborés, selon les indications ci-dessous.

Activité demandée	Grille	Paragraphes	
Exercice visant à vérifier la compétence linguistique			
Rédaction du commentaire d'un document déjà travaillé en classe	document iconographique	11 B & D	
	texte simple	6 B & C	
	texte d'auteur	12 B & C	
Dramatisation d'un récit ou narration d'une saynète	texte simple	6 B & C 8	
Imaginer un prolongement	texte simple	idem	
Exercice d'expression semi-guidée	voir illustrations		
Compte rendu d'un texte entendu trois fois en classe avec prise de notes	texte simple	2, 3, 4	
Compte rendu ou commentaire d'un texte lu			
Commentaire d'un document nouveau ou d'une partie de celui-ci dont la compréhension globale a été assurée en classe	document iconographique	7, 8, 13	
	texte simple	4, 8	
	texte d'auteur	3, 7, 10	
Commentaire d'un document nouveau ou d'une partie de celui-ci	document iconographique	6, 7, 8, 13	
	texte simple	2, 3, 4, 8	
	texte d'auteur	3,6,7,8,9,10	
Essai sur un thème travaillé en classe			X

6 - Remédiation à l'erreur la plus répandue portant sur un élément de l'objectif énoncé
Se reporter à la grille : remédiation.

Compléter le dialogue ci-dessous en utilisant, quand cela s'impose : viele, mehrere, manche, einige
Vous imaginez les répliques en fonction de ce qui précède ou de ce qui suit.

A -
B - Aber nicht alle netten Eltern verwöhnen ihre Kinder.
A - Fast alle Reichen
B - Es gibt aber Reiche, die ...
A - Es fällt ihnen aber schwer.
B - Ja, die Werbung bietet ...
A - Und die Jugendlichen wollen sich allerlei Sachen kaufen.
B - Wenn sie Musik mögen,
A -
B - Wenn sie elegant sein wollen,
A -
B - Die Jugendlichen können auch Geld verdienen.
A - Ja, .   haben einen Freizeitjob.

7 - Elaboration d'un corrigé partiel

- plan

I - Ist es gut, den Kindern kein Taschengeld zu geben, oder sehr wenig ?
II - Ist es besser, den Kindern sehr viel Taschengeld zu geben ?
III - Wie kann man die Jugendlichen daran gewöhnen, das Geld sinnvoll auszugeben und es zu sparen ?

- articulations d'un paragraphe ou de l'ensemble

Einleitung :	*Geld, ein Problem*
1. Teil :	*zu wenig*
zwar	*sparsam sein lernen*
aber	*peinlich*
Übergang :	*Im Gegensatz zu diesen Eltern ...*
2. Teil :	*zu viel*
	einerseits sehr angenehm
	andererseits gefährlich
Übergang :	*die goldene Mitte*
3. Teil :	*weder zu wenig noch zu viel*
	Es ist nämlich schwer ...
	Darum sollen die Jugendlichen ...
	genug, um ...
	nicht zu viel, damit ...
Schluß :	*persönliche Erfahrung*

8 - Libellé précis des tâches à faire à la maison

- éléments à apprendre

le groupe nominal du type :

- manche schöne Lieder kennen, viele teure Geschenke bekommen, einige moderne Schallplatten haben, wenige alte Platten haben, sich mehrere alte Schallplatten leisten

le groupe nominal du type :

- alle modernen Schallplatten mögen, keine alten Schallplatten besitzen

- application à l'adjectif substantivé

- Viele Jugendliche, manche Erwachsene ...

- Alle Jugendlichen mögen Musik hören.

- Ich kenne keine Jugendlichen, die ...

- phrases à réécrire

CHAPITRE IX

COMMENT PREPARER
UNE LEÇON DE REMEDIATION

INDICATIONS BIBLIOGRAPHIQUES

- **Wechselspiel**
Sprechanlässe für die Partnerarbeit
Drecke - Lind
Langenscheidt

- **Im Sprachunterricht spielen ? Aber ja.**
C.Dauvillier
Goethe-Institut 86

- **Mit Spielen Deutsch lernen**
Anne Spier
Scriptor

- **Buchstabensalat**
Udo Schmidt
Verlag für Deutsch

- **Übungstypologie**
Zum kommunikativen Deutschunterricht
von Neuner, Krüger, Grewer
Langenscheidt

- **Mit Bildern lernen**
Handbuch für den Fremdsprachenunterricht
Scherling - Schuckall
Langenscheidt

FICHE DE PREPARATION D'UNE

LEÇON DE REMEDIATION

1 - Nommer la source d'erreur à laquelle on veut remédier (objectif de la remédiation).

2 - Identifier avec précision les différentes étapes à franchir.

3 - Elaborer pour chacune d'elle un type d'activité (exercice structural en situation indépendante, jeu, etc.) dans lequel l'objectif-obstacle est incontournable.

4 - Lister les prérequis indispensables pour que tous les élèves puissent tirer profit de l'activité ci-dessus.

5 - Elaborer un moyen rapide d'assurer ces prérequis.

6 - Elaborer un test bref (5 minutes) destiné à vérifier que les prérequis ont été assurés.

7 - Elaborer le support visuel sur lequel le professeur s'appuiera pour rendre la prise de conscience du fait de langue concerné accessible à tous.

8 - Rechercher un support et une activité impliquant l'emploi naturel du fait de langue étudié.

9 - Rédiger avec précision les consignes de travail à faire à la maison.

GRILLE DE PREPARATION POUR UNE

LEÇON DE REMEDIATION

Niveau : *à partir 6ème*
4ème LV2

---

1 - Objectif de la remédiation

complément de nom singulier

2 - Différentes étapes à franchir

a - masculins et neutres
b - féminins

3 - Supports et activités prévus

a - au tableau de feutre
Le tableau de feutre est divisé en 3 parties :
Großvater Vater Sohn
Le jeu entre les deux équipes de la classe consiste à identifier le plus grand nombre d'objets parmi ceux qui sont présentés sur le papier floqué.
Exemple : Das ist der Hut des Großvaters.

b - Même jeu avec Großmutter, Mutter et Tochter.

c - Le professeur imite ou fait entendre différentes voix.
Exemple : S'il fait entendre la voix d'un vieillard, un élève dira :
Das ist die Stimme eines alten Manns.
(Mann, Frau, Mädchen, Baby ; jung, alt)

d - Le professeur fait entendre des bruits de pas enregistrés.
Exemple : S'il fait entendre des pas lourds montant un escalier, les élèves pourront dire :
Das sind die Schritte eines müden Manns.
(Mann, Frau, Kind ; jung, alt, müde)

4 - prérequis indispensables pour que tous les élèves puissent tirer profit des activités ci-dessus

- noms de vêtements courants : Hut, Mantel, Hose, Jacke, Bluse, Hemd, Rock, Socken
- Großvater, Vater, Sohn ; Großmutter, Mutter, Tochter ; Mann, Frau, Mädchen, Kind, Baby

5 - Moyen(s) rapide(s) d'assurer ces prérequis

polycopié avec ces noms et leurs articles à apprendre à la maison (il s'agit d'une révision)

6 - Test bref destiné à vérifier que les prérequis sont assurés

Les élèves auront la liste de ces noms sans article. Ils devront donner pour chacun les deux articles.
Exemple : Mann - L'élève devra écrire : der Mann, ein Mann.

7 - Support visuel prévu pour la prise de conscience théorique

Reprise au tableau de feutre d'un élément de chacun des exercices a, b, c :

der Hut d.. Großvater..
der Rock d.. Mutter
die Socke d.. Baby..

der Hut ein.. alt.. Mann..
der Rock ein.. jung.. Frau.
die Socke ein.. klein.. Baby..

8 - Support et activité impliquant l'emploi naturel du fait de langue étudié

Jeu des sept familles
Le professeur fait dessiner par les élèves à la maison, sur une même feuille, dans neuf rectangles différents ayant chacun les dimensions d'une carte à jouer :
- un manteau, une veste et un pantalon de femme,
- un manteau, une veste et un pantalon d'homme,
- un manteau, une veste et un pantalon d'enfant.
Puis, le professeur en fait autant de fois deux photocopies qu'il veut de jeux (en fonction du nombre de groupes dans la classe).
Il fait ensuite colorier :
- 3 vêtements d'homme et 3 vêtements de femme en gris (Großvater, Großmutter),
- 3 vêtements d'homme et 3 vêtements de femme en bleu (Vater, Mutter),
- 3 vêtements d'enfant en rouge (Sohn, Tochter).
On obtient ainsi un jeu de 18 cartes : 6 familles, 3 vêtements.
En classe, les élèves constituent des groupes et jouent.
Exemple : Ich möchte (Hast du) den Mantel der Mutter ?
Bitte schön ! oder : Ich bedauere, ich habe ihn nicht.

9 - Consignes de travail à faire à la maison

Compléter le tableau 7 avec le plus grand nombre possible d'exemples utilisés en classe.
Souligner la marque ou la double marque du génitif.

GRILLE DE PREPARATION POUR UNE

LEÇON DE REMEDIATION

Niveau : *à partir* *6ème*
4ème LV2

---

1 - Objectif de la remédiation

reconnaissance du complément de lieu directionnel (transfert à la compréhension)

2 - Différentes étapes à franchir

a - reconnaissance du directionnel
b - repérage de l'élément qui exprime la direction

3 - Supports et activités prévus

a - reconnaissance -en allemand- du directionnel
Le professeur lit les phrases suivantes. Les élèves doivent mettre une croix dans la case correspondante lorsqu'ils estiment que le complément de lieu exprime un changement de lieu, une direction.

Die Szene passiert in einem Klassenzimmer. ☐ Die Lehrerin steht vor der Tafel und zeigt nach oben. ☐ Alle Schüler sehen auf die Tafel ☐ , nur Klaus sieht nach draußen. ☐ "Komm hierher Klaus !" ruft die Lehrerin. Im Klassenzimmer ☐ bewegt sich keiner. Nur die Lehrerin geht im Klassenzimmer ☐ auf und ab. Klaus steht auf und geht an die Tafel. ☐ Alle sind gespannt, er zittert und läßt sein Stück Kreide zu Boden ☐ fallen.

b - reconnaissance de l'élément qui exprime le changement de lieu
Le professeur lit les phrases suivantes numérotées ; les élèves doivent écrire le numéro et ce qui exprime le changement : préposition, cas (accusatif) ou postposition (hin, her).
Exemple : Le professeur lit : "Eins. Ich bin voriges Jahr nach Deutschland gefahren."
Les élèves devront écrire : 1. nach

1 - Voriges Jahr bin ich in die Schweiz gefahren.
2 - Von da aus fuhren wir oft nach Deutschland.
3 - Eines Tages kam ein Mann zu mir
4 - und fragte mich : "Können Sie mich ins Gebirge mitnehmen ?"
5 - Ich möchte so lange dorthin."
6 - Er stieg in den Wagen ein und nahm neben meinen Kindern Platz.
7 - Wir kamen in einem Dorf an und fragten eine Bäuerin :"Wie kommen wir zum Feldberg ?"
8 - "Sie fahren geradeaus bis zum nächsten Dorf,
9 - und dann nach links."
10 - Wir sind aber nie bis dorthin gekommen.

4 - Prérequis indispensables pour que tous les élèves puissent tirer profit des activités ci-dessus

a - les noms de pays ou de régions qui sont précédés d'un article : die Schweiz, die Türkei, die Tschechoslowakei, das Elsaß
b - les adverbes : hier, da, dort
hinten, vorn, links, rechts
oben, unten, drinnen, draußen

5 - Moyen(s) rapide(s) d'assurer ces prérequis

Donner lors du cours précédent le polycopié à apprendre à la maison (il s'agit d'une révision).

6 - Test bref destiné à vérifier que les prérequis sont assurés

Compléter le tableau ci-dessous :

Hauptstadt	*das Land oder die Gegend*	*adverbes*	*contraire*
Bonn		*vorn*	
Bern	*...Schw...*	*links*	
Straßburg		*unten*	
Rom		*drinnen*	
Ankara	*...Türk...*		
Prag	*...Tschechos...*		

7 - Support visuel prévu pour la prise de conscience théorique

Le directionnel est exprimé par :

<table>
<tr><td><u>la préposition</u></td><td>noms villes</td><td>pays</td><td>adverbes</td></tr>
<tr><td>NACH sans article</td><td>nach Bonn</td><td>nach Italien</td><td>nach draußen</td></tr>
<tr><td rowspan="2">ZU
avec article
sans article</td><td>chose</td><td colspan="2">personne</td></tr>
<tr><td>zum Bahnhof</td><td colspan="2">zum Onkel
zu Hans, zu ihm</td></tr>
<tr><td><u>la postposition</u>
HER
HIN</td><td>hierher</td><td>dahin</td><td>dorthin</td></tr>
<tr><td rowspan="2"><u>le cas</u>
(accusatif)</td><td>pays avec article</td><td colspan="2">chose</td></tr>
<tr><td>in die Türkei</td><td colspan="2">auf den Tisch</td></tr>
</table>

8 - Support et activité impliquant l'emploi naturel du fait de langue étudié

a - Les élèves disposent du plan ci-dessous.
C'est la transcription sur papier du jeu qui consiste à essayer d'atteindre le premier un objectif inconnu en étant guidé par les instructions d'un assistant.
Le guide (le professeur) conduira donc les élèves (ein Schritt = ein Zentimeter).
Chaque élève met sur son plan une croix correspondant à une étape. Le premier qui pense avoir atteint l'objectif le nomme. Lorsque trois élèves ont désigné l'objectif, le jeu cesse.
cf. plan ci-dessous
Le professeur dictera :
2 Schritte nach vorn ; 3 Schritte nach links ; 1 Schritt nach hinten ; 3 Schritte nach vorn ; 2 Schritte nach rechts ; 4 Schritte nach vorn ; 2 Schritte nach rechts ; 4 Schritte nach links ; 2 Schritte nach rechts ; 1 Schritt nach hinten.

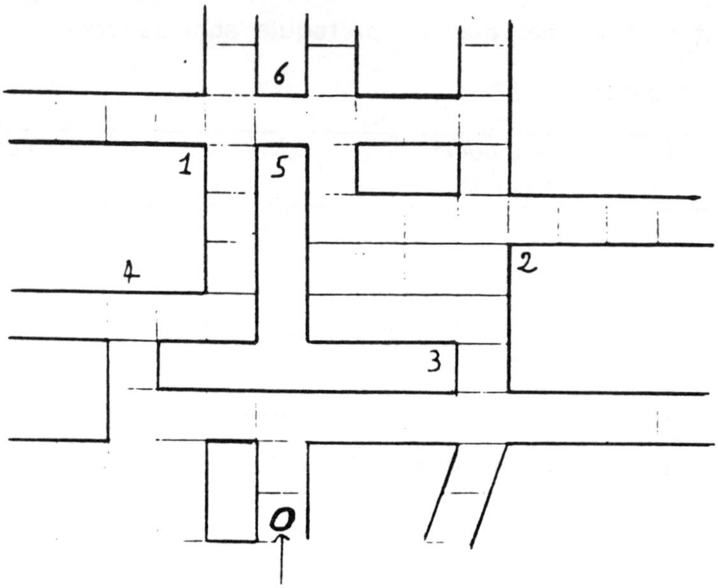

Du bist hier

1 die Kirche
2 das Theater
3 das Kino
4 das Denkmal
5 das Rathaus
6 der Bahnhof

b - mini-dialogue
Situation : Der Sohn spricht leise ;
der Großvater hört nicht gut : der Vater muß alles wiederholen.
Modell : Sohn : Wir fahren im Sommer nach Frankreich.
Großvater : Wohin ?
Vater : Nach Frankreich !
Sohn : Zu Durands.
großvater : Zu wem ?
Vater : Zu Durands.
Wir wollen nach Paris. Dann fahren wir in die Bretagne. Zum Atlantik. Müllers fahren an die Nordsee. Auf eine Insel. Ich gehe jetzt ins Kino. Mutter geht jetzt zu Heinleins. Bleibst du hier oder gehst du auch zu Heinleins ?

9 - Consignes de travail à faire à la maison

Compléter le tableau 7 par le plus grand nombre possible d'exemples utilisés en classe.

GRILLE DE PREPARATION POUR UNE LEÇON DE REMEDIATION

Niveau : *à partir* *4ème LV1*
3ème LV2

---

1 - Objectif de la remédiation

la forme de politesse

2 - Différentes étapes à franchir

a - reconnaissance des formes : *- Sie*
- Ihnen
- Ihr

à l'oral
à l'écrit
b - reconnaissance du sens
c - appropriation des formes en liaison avec le sens

3 - Supports et activités prévus

a - reconnaissance des formes
- exercices structuraux en situation indépendante :
Du bist daran gewöhnt, einem Bekannten Sie zu sagen ; er will aber, daß du ihn dutzt. Du korrigierst dich jedes Mal.
Modell A : *reconnaissance de Sie*
Wollen Sie Platz nehmen ?
Pardon, willst du Platz nehmen ?
Was möchten Sie trinken ? Mögen Sie Tee ? Können Sie mir vielleicht das Glas reichen ? Reichen Sie mir bitte die Tasse ! Geben Sie mir bitte das Glas !
Modell B : *reconnaissance de Ihnen*
Was darf ich Ihnen anbieten ?
Pardon, was darf ich dir anbieten ?
Darf ich Ihnen Kaffee anbieten ? Darf ich Ihnen Tee anbieten ? Schmeckt Ihnen der Tee ? Ich danke Ihnen. Ich bringe Ihnen gleich ein Glas. Ich bringe Ihnen gleich eine Tasse;
Modell C : *reconnaissance de Ihr*
Können Sie mir bitte Ihr Glas reichen ?
Pardon, kannst du mir bitte dein Glas reichen ?
Können Sie mir bitte Ihre Tasse reichen ? Wie geht es Ihrer Mutter ? Ist Ihr Vater gesund ? Zeigen Sie mir bitte Ihr letztes Bild ! Ich danke Ihnen für Ihren Brief : es ist nett von Ihnen.
- transcription graphique de la reconnaissance de la forme de politesse
Les élèves ont le texte suivant devant les yeux ; ils doivent compléter par la lettre qui manque :

Liebe Frau Müller !
Ich danke .hnen für .hren lieben Brief. Ich bin froh, daß .hre Kinder .ie am Bahnhof abgeholt haben. Sagen .ie .hnen einen schönen Gruß von mir. Besuchen .ie .ie jeden Monat ?
Ich grüße .ie sehr herzlich;
.hre Annemarie

- transcription graphique de la reconnaissance de l'injonctive et de l'interrogative à la forme de politesse

Les élèves ont le dialogue suivant devant les yeux ; lorsque le professeur le lit, ils doivent ponctuer chaque phrase par un point, un point d'exclamation ou un point d'interrogation.

- Können Sie mir bitte sagen, wo die Peterstraße liegt
- Fragen Sie doch besser den Mann da
- Oder fahren Sie bis zur Ampel *Da können Sie den Polizisten fragen*
- Bitte helfen Sie mir *Steigen Sie bitte ein*
Oder haben Sie Angst

b - reconnaissance du sens

Le professeur va nommer des séries de deux personnages (de la méthode ou de la vie) ; les élèves devront dire s'ils se tutoient (X dutzt Y ; sie dutzen einander) ou s'ils se vouvoient (X sagt Sie zu Y ; sie sagen Sie zueinander).

Exemple : *Le professeur dit :*
Der Lehrer dutzt die Schüler, aber die Schüler sagen Sie zu dem Lehrer.

Beate und Petras Mutter ? Beate und Silke ? etc.

c - appropriation des formes en liaison avec le sens

Jeu : Le professeur s'identifie à une personne que les élèves connaissent : ceux-ci doivent deviner à qui. Ils posent des questions auxquelles le professeur répond par ja ou nein.

Exemple : *Le professeur s'est identifié à tel élève de la classe.*
Les élèves : Gehen Sie in die Schule ? Arbeiten Sie gut in der Schule ? Ist Ihr Vater Lehrer ? Ist Ihr Name lang ? etc.

4 - prérequis indispensables pour que tous les élèves puissent tirer profit des activités ci-dessus

deuxième personne du singulier : du, dich, dir, dein
troisième personne du pluriel : sie, ihnen, ihr
les formes suivantes des verbes de modalité : willst, wollen ; magst, mögen ; kannst, können

5 - Moyen(s) rapide(s) d'assurer ces prérequis

Exercice structural
Situation : ein verwöhntes Kind
Modell A : *Mein Buch bitte !*
Mutter : ich bringe dir sofort dein Buch.
Mein Glas bitte ! Mein Heft bitte ! Mein Brot bitte ! Meine Tasse bitte ! meine Brille bitte ! Meinen Mantel bitte ! Meinen Schirm bitte !
Modell B : *Die Kinder wollen ihr Buch !*
Gut, ich bringe ihnen sofort ihr Buch.
ihr Brot ; ihr Heft ; etc.
C : *Pour les verbes de modalité, on écrira au tableau sie wollen, sie mögen, sie können et on demandera aux élèves de donner par écrit la 2ème personne du singulier.*

6 - Test bref destiné à vérifier que les prérequis sont assurés

Compléter ce dialogue entre deux jeunes qui se tutoient.
- Hallo ! Wie geht es ... ?
- Danke, gut !
- ... du Platz nehmen ? Was ... du trinken ? Darf ich ... Wein anbieten ?
- Ja, gern !
- ... du mir bitte ... Glas reichen ?
-
- Sind Petra und Doris nicht da ?
- ... kommen bald. Ich habe ... gesagt, daß ... kommst. Sie ... aber erst um neun da sein.

7 - Support visuel prévu pour la prise de conscience théorique

Les élèves devront dire ce que le professeur devra écrire à droite :

Hanna dutzt Jürgen	*sie sagt Sie zu Herrn B.*
Hast du Durst ? *Kannst du kommen ?* *Magst du Bier ?* *Willst du dich setzen ?* *Sprich laut !* *Fahr weiter !* *Frag ihn selber !* *Ist es dein Buch ?* *Ist das deine Tasche ?* *Ich finde deinen Mantel schön.* *Ich bringe es dir.*	

8 - Support et activité impliquant l'emploi naturel du fait de langue étudié

Un allemand devant votre école vous demande ce qu'il doit faire pour parvenir à l'hôtel de ville (il n'a pas de moyen de locomotion).
Dites-le lui en lui montrant un plan de votre ville.

9 - Consignes de travail à faire à la maison

Compléter le tableau 7 qui sera remis aux élèves.
Préparer des questions pour un jeu du portrait.

GRILLE DE PREPARATION POUR UNE

LEÇON DE REMEDIATION

Niveau : *à partir 4ème LV1*
3ème LV2

---

1 - Objectif de la remédiation

quelques articulations chronologiques

2 - Différentes étapes à franchir

a - zuerst, dann, erst dann
b - vorher, nachher

3 - Supports et activités prévus

a - zuerst, dann, erst dann
- classer chacun des éléments suivants dans l'ordre chronologique
Exemple : Si je dis : Donnerstag, Dienstag, Mittwoch,
un élève dira : Zuerst kommt Dienstag, dann kommt Mittwoch, erst dann kommt Donnerstag.
- Abend, Mittag, Morgen
- Nachmittag, Nacht, Vormittag
- Mittwoch, Dienstag, Montag
- Samstag, Freitag, Donnerstag
- Februar, Januar, März
- Juni, Mai, Juli
- Herbst, Frühling, Sommer
- Frühling, Winter, Herbst
- classer les faits suivants dans l'ordre chronologique
Exemple : Si je dis : Er steht auf ; er zieht sich an ; er wäscht sich
un élève dira : Zuerst steht er auf, dann wäscht er sich, erst dann zieht er sich an.
- Er geht in die Schule ; er frühstückt ; er putzt sich die Zähne.
- Er wartet auf den Bus ; er geht zur Haltestelle ; er steigt in den Bus.
- Er kommt nach Hause zurück ; er arbeitet fleißig ; er ißt zu Mittag.

b - vorher, nachher
Situation : Du hast keine Lust, das zu machen, was der Vater befiehlt ; du hast immer etwas Dringendes zu tun.
Modell A : der Vater : Räum bitte dein Zimmer auf !
du : Vorher ... (par ex. : rufe ich einen Freund an).
Putze deine Schuhe ! Wasch dir die Hände ! Mach deine Aufgaben ! Lerne deine Lektionen !
Les élèves pourraient penser -entre autres- aux prétextes suivants :
etwas lesen, Musik hören, einen Brief schreiben, telefonieren, dem Bruder helfen, ins Schwimmbad gehen, Tischtennis spielen, etc.

Modell B : A partir de la même situation, un groupe joue le rôle du père, un groupe joue le rôle du fils.

On pourrait obtenir un dialogue du type suivant :
Vater : Räum bitte dein Zimmer auf !
Sohn : Vorher rufe ich meinen Freund an.
Vater : Nein, du räumst zuerst dein Zimmer auf ; nachher kannst du deinen Freund anrufen.

4 - prérequis indispensables pour que tous les élèves puissent tirer profit des activités ci-dessus

le découpage du temps (moments, jours, mois, saisons)

5 - Moyen(s) rapide(s) d'assurer ces prérequis

On distribuera un polycopié à apprendre à la maison (il s'agit de révision) sur lequel le découpage sera chronologique (ex. : der Morgen, der Vormittag, der Mittag, etc.).

6 - Test bref destiné à vérifier que les prérequis sont assurés

On distribuera en début d'heure le même polycopié (cf. 5) mais avec des lacunes à compléter (une sur trois).

7 - Support visuel prévu pour la prise de conscience théorique

dann kommt der Sommer.
Les élèves devront dire la première partie de la phrase.

Zuerst räumst du dein Zimmer auf ;
Les élèves devront imaginer la deuxième partie de la phrase.

8 - Support et activité impliquant l'emploi naturel du fait de langue étudié

Le professeur choisit une histoire sans paroles dans laquelle la chronologie est nettement marquée par des détails faciles à observer et à exprimer ; il numérote les images dans un ordre non chronologique. Puis il fait cinq photocopies, les découpe et mélange les images. En classe, il distribue les ensembles ainsi obtenus à cinq groupes. Après dix minutes pendant lesquelles les groupes doivent classer en allemand les images dont ils disposent, on reconstitue collectivement l'histoire en justifiant l'ordre proposé.
On sera par exemple amené à dire : Nein, das Bild x kommt erst nachher, denn ...
ou encore : Das Bild 5 kommt zuerst, denn ...

9 - Consignes de travail à faire à la maison

a - Compléter les phrases suivantes :

... dann kommt der Winter.
... dann kommt Mittwoch.
Zuerst ... Freitag.
... *März, dann ...*
... *der Abend, dann ...* Nacht.
... *Vormittag, ...*

b - Compléter le dialogue ci-dessous :
- Vater : Spül bitte das Geschirr !
Sohn :
Vater : Nein, du spülst zuerst das Geschirr, ...
- Vater : Hilf bitte deinem Bruder !
Sohn :
Vater : Nein, du hilfst zuerst deinem Bruder, ...
- Vater :
Sohn : ich rufe zuerst Paul an.
Vater : Nein, du hilfst zuerst der Mutter, ...
- Vater :
Sohn : ich lese vorher meine Post.
Vater : Nein, du nimmst zuerst ein Bad, ...
- Vater :
Sohn :
Vater : Nein, du spielst vorher Klavier, ...

GRILLE DE PREPARATION POUR UNE

LEÇON DE REMEDIATION

Niveau : *à partir 3ème, 2de*

---

1 - Objectif de la remédiation

pronom relatif sujet et c.o.d. singulier

2 - Différentes étapes à franchir

a - masculins seulement
- antécédent nominatif, relatif accusatif
- antécédent accusatif, relatif nominatif
b - tous genres confondus

3 - Supports et activités prévus

a - masculins seulement
- Situation : Andrea teilt Wolfgangs Bewunderung für schöne Wagen nicht.
Modell : W. : Guck mal den Porsche da !
A. : Das ist der zweite Wagen, den du mir zeigst !
den Mercedes ; den BMW ; den VW ; den Audi ; den Ford

- On projette une photo sur laquelle objets et personnages sont à l'arrière-plan.
Modell : Kein Mensch ist zu sehen !
Doch, aber man muß gute Augen haben, um den Mann zu sehen, der ganz hinten steht.
kein Mann ; kein Wagen ; kein Baum ; kein Berg ; kein Bauernhof.
b - trois genres confondus
Modell : Kennst du Paris ?
Du : ja, das ist die schönste Stadt, die ich gesehen habe !
Den Montblanc ? den Genfer See ? die Insel Ré ? Fontainebleau ? das Rheintal ? Griechenland ? die Nordsee ?

4 - prérequis indispensables pour que tous les élèves puissent tirer profit des activités ci-dessus

Marquage de l'article sujet et c.o.d.
<u>der</u> Wagen (also : <u>der</u> Mercedes, der Citroën, etc.)
nombres ordinaux (en particulier : der dritte, der siebte)
7 noms masculins : Mann, Wagen, Baum, Berg, Bauernhof, Wald, See (=lac)
3 noms féminins : Stadt, Insel, See (=mer)
2 noms neutres : Land, Tal

5 - Moyen(s) rapide(s) d'assurer ces prérequis

polycopié à apprendre

6 - Test bref destiné à vérifier que les prérequis sont assurés

Compléter :
Wie heißt der Film : "Le troisième homme" auf deutsch ?
"D.. ... ..."
Paß auf ! Bald sehen wir ... Genfer See. Siehst du ... Baum dort ? Und ... Mann daneben ? ... Bauernhof ist bestimmt nicht weit. Jetzt erblicken wir ... Tal. ... Mont Blanc ist ... höchste ... in Europa.

7 - Support visuel prévu pour la prise de conscience théorique

Das ist der Mann, den du kennst.
Ich kenne den Mann, der hinten steht.
Das ist der Mann, der so gut Klavier spielt.
Ich kenne den Mann, den du meinst.

Das ist — *das Haus, das* — *so schön ist.*
Ich kenne — *das Haus, das* — *du meinst.*

Das ist — *die Frau, die* — *du kennst.*
Ich kenne — *die Frau, die* — *hinten steht.*

8 - Support et activité impliquant l'emploi naturel du fait de langue étudié

A - Semi-guidé Das ist das Gesicht...

Le professeur distribue les mêmes dessins représentant des visages d'hommes, de femmes et d'enfants (garçons et filles) et numérotés, aux différents groupes constitués qui disposent de dix minutes pour les caractériser. Ensuite, les groupes confrontent leurs interprétations. Les expressions des visages pourraient amener les élèves à utiliser -entre autres- les éléments suivants :
Angst haben, erstaunt sein, weinen, lachen, überrascht sein, küssen, ohrfeigen, erschrecken.

Ex. : Das ist das Gesicht eines Kindes, das man geohrfeigt hat.
Nein, das ist das Gesicht eines Kindes, das geweint hat.

B - Semi-guidé Das ist die Bemerkung...

On entend une remarque et l'on essaie de caractériser son auteur.

Ex. : Si une voix d'homme dit :"Mein Sohn arbeitet gut."'
l'élève dira : "Das ist die Bemerkung eines Vaters, der auf seinen Sohn stolz ist."
ou : "Das ... , der mit seinem Sohn zufrieden ist."

Voix d'homme : Meine Frau ist sehr schön. Meine Kinder sind sehr tüchtig. Mein Chef ! Ach, der hat es gut !

Voix de femme : Mein Sohn ist sehr intelligent. Hast du den Hut der Nachbarn gesehen ? Ich muß sehen, ob die Nachbarin etwas braucht. Ach, der arme Mann !

Voix d'enfant : Mein Vater ist der Stärkste. Der Bruder bekommt immer alles. Peter hat mir mein Geld genommen, ich werde mich rächen.

C - Expression libre

a - Il s'agit de deviner le caractère de certains des personnages figurant dans un groupe dont le professeur projette la photo.
Les élèves seront donc naturellement obligés de situer la personne dont ils parlent, soit à l'aide d'un relatif (der Junge, der neben dem Lehrer steht) soit à l'aide d'un groupe nominal développé (der Junge mit dem roten Pullover).
Chaque fois qu'il y aura ambiguïté, le professeur demandera : Welchen meinst du ? pour obtenir : den, der ... etc.

b - Toujours à partir d'une photo de groupe, il s'agit cette fois de trouver des ressemblances. Un travail préparatoire en groupes rendra les échanges plus animés et plus motivés.
Der Mann mit dem dunklen Hemd sieht dem ähnlich, der links auf dem Bild steht.

9 - Consignes de travail à faire à la maison

Pour chaque phrase du tableau 7, analyser l'antécédent et le pronom relatif :
genre, fonction, cas.

LOUIS-JEAN
avenue d'Embrun, 05003 GAP cedex
Tél. : 92.53.17.00
Dépôt légal : 624 — Septembre 1996
Imprimé en France